危机预建

大学生心理资本的培育和开发

仇妙芹 / 著

南方日报出版社
NANFANG DAILY PRESS
中国·广州

图书在版编目（CIP）数据

危机预建：大学生心理资本的培育和开发 / 仇妙芹著. -- 广州：南方日报出版社，2024.2
ISBN 978-7-5491-2860-0

Ⅰ.①危… Ⅱ.①仇… Ⅲ.①大学生—心理干预—研究 Ⅳ.①G444

中国国家版本馆CIP数据核字（2024）第054878号

WEIJI YUJIAN:DAXUESHENG XINLI ZIBEN DE PEIYU HE KAIFA

危机预建：大学生心理资本的培育和开发

著　　者：仇妙芹
出版发行：南方日报出版社
地　　址：广州市广州大道中289号
出 版 人：周山丹
责任编辑：郭海珊
封面设计：肖晓文
责任校对：朱晓娟
责任技编：王　兰
经　　销：全国新华书店
印　　刷：广州市尚铭印刷股份有限公司
开　　本：787mm×1092mm　1/16
印　　张：11.5
字　　数：221千字
版　　次：2024年2月第1版
印　　次：2024年2月第1次印刷
定　　价：48.00元

投稿热线：（020）87360640　　读者热线：（020）87363865

发现印装质量问题，影响阅读，请与承印厂联系调换。

前言

黑暗成就光明，光明点亮黑暗。

随着我国改革开放的不断深入和科学技术的迅猛发展，人们在享受物质文明带来的便利的同时，内心也出现一些困惑，大学生也概莫能外。学业优势弱化、情感纠葛、人际关系冲突、就业压力、经济拮据等压力源，使不少大学生常常被沮丧、烦恼、悲伤、愤怒等消极情绪困扰。目前，因大学生心理问题引发的危机事件呈现高发趋势，引起全社会的高度关注，也给高校心理健康教育和校园安全稳定工作带来极大的冲击和压力。如何有效开展心理危机预防、预警和干预工作，已经成为当前高校心理健康教育工作开展实施和深入研究的关键环节。

善治莫过于善防，大学生心理危机干预工作要发扬防患于未然的思想，强化心理危机预防和心理素质建设，发掘危机个体内在的力量以更好应对心理危机。将心理资本融入心理危机干预将是当前我国大学生心理危机干预工作的新趋势。

本书分为两个部分。第一部分关于大学生心理危机干预，由第一至三章组成，主要介绍大学生的心理特点、心理危机和心理危机干预的理论以及高校大学生心理危机预防干预工作状况等。通过连续三年跟进大学新生重点人群的心理普查资料，查阅新生成长自传，并对近 1000 名重点人群进行心理回访，发现强迫症状、人际关系敏感、抑郁和焦虑是当前大学生群体心理症状的主要检出因子。在此基础上分析大学生心理危机干预工作的现状，对重点关注群体成长问题和隐匿性心理危机的关注、大数据技术与心理危机预警的结合、心理危机干预短期目标与长期目标的结合，以及单向危机干预模式向双向互动模式的发展进行了深入探讨。第二部分介绍积极心理资本对大学生心理健康的影响，由第四至八章组成。结合重点关注群体的心理状况和心理资本四个维度（自我效能、希望、乐观和韧性）的开发策略，探索适合当代大学新生重点关注群体心理资本提升“线下 + 线上”的干预方案，并通过实验验证团体心理辅导方案对大学生重点关注群体心理资本和心理健康水平的干预成效，推动心理危机从消极干预向积极干预转变，促进大学生积极心理的成长。

各章由案例导读、理论探讨和实践操作三部分组成。每章以案例导读引入，八个案例汇集了一线心理工作者的一手经验，真实呈现心理危机干预工作中的有效做法和成功经验，具有很好的参考和借鉴意义。理论部分全面分析了重点关注群体的心理特征，并提出当前高校心理危机干预工作要从传统的消极干预向积极干预转型，通过提高个体心理资本水平、提升学生心理素质来促进大学生健康人格的发展。实践操作部分通过心理活动体验帮助大学生更好地认识自我、接纳自我、调控自我，从而更好地完善自我，提升内在心理资本。

本书有三个特点。一是体系完整，案例引入、理论探索、心理活动体验等有机结合，循序渐进，构建了一个较为完整的心理危机成长体系；二是重视体验性、探索性和实践性的结合，每章实践操作部分把理论知识和心理活动体验进行有机结合；三是学以致用，本书不但介绍了大学生心理特点、心理行为问题以及心理危机干预状况，还将积极心理资本及其四个维度引入心理危机干预工作，帮助大学生更好地发展和提升内在心理资本，促进个体成长。

由于作者学识、时间和精力有限，本书可能还存在许多不足之处，敬请各位专家和读者不吝指正，以便修订完善。

本书由广东省哲学社会科学规划学科共建项目（批准号：GD18XJY17）资助。

2023 年 10 月 1 日

目录

第一章　大学生心理发展

名人名言

如果你觉得环境中某些事情不适合你，就着手改变它；有些环境是无法补救的，有些事情是不能改变的，就学会适应它。

——哥尔斯

案例导读

迷茫的大学生活

案例描述

金秋九月，硕果盈枝。满怀对大学校园的期望，王诚搭上南下的列车，兴奋地来到南方某重点大学开启大学生涯。开学不到三个月，王诚觉得大学生活和自己的想象有很大的差别。自己该怎么办，如何继续自己的大学生活，王诚感到非常迷茫。

入学以来，王诚感到大学的学习完全没有约束，没有任何人来管，也没有中学时堆积如山的作业和连续不断的考试，基本靠自己的自觉和自律。除了上课，其余的时间都由自己安排，这让他感觉非常不习惯。他也曾多次向学长请教，得到的答案大相径庭：有的说要多参加社团，锻炼自己的责任心和工作能力，加强和同学的沟通交流；有的说要努力学习，多参加比赛和考证，为毕业和考研准备敲门砖；还有的说大学期间一定要好好谈一次恋爱，感受大学校园恋情的纯洁和美好……

在困惑中徘徊的王诚，最后也不知道听谁的，也不想听谁的。

军训期间，南方的酷暑让王诚身上长满了痱子，奇痒无比。开始学习生活后，室友经常组织“卧谈会”，时常聊天到深夜，习惯早起早睡的他又不知道如何让室友早点安静，身体疲惫不堪；学习上，王诚发现即使抓紧一切课余时间来学习，也还是跟不上老师的进度，老师上一次课就能讲几十页，这是在中学学习生涯里从未有过的事情。而且会计学专业的选择也并非王诚出于自己的兴趣和意愿，而是家人从事相关的工作，觉得就业环境相对比较容易，所以也让王诚做出这样的选择。由于对专业缺乏兴趣，王诚的学习劲头也显得不足。中学时的王诚一直是班干部，进入大学后，他参加了两个社团，每周有好几个晚上要参与社团的会议和活动，时间排得满满的。

忙碌和迷茫的大学生活，让王诚感到非常迷惘。他的脑海时不时就会冒出“我为什么上大学?”“这就是我所要的大学生活吗?”这样的疑问。为了缓解新环境带来的孤独和焦虑，王诚对隔壁班上一位女生展开了试探性的追求，刚开始在微信上聊天也挺友好的，但是当他鼓足勇气邀约对方时，却被含蓄地拒绝了。

在学习、生活和情感上都受到挫折的王诚，很长一段时间里，晚上躺在床上总是辗转反侧，难以入睡。他特别想家，怀念中学时光及那时的老师和朋友。他不禁反思，这就是我期望中的大学生活吗？大一上学期末，王诚有一科成绩不及格，他特别难以接受，内心纠结，不知道该如何走下去，甚至想到退学……

思考讨论

1. 结合案例和自己的经历，谈谈大学生活与中学生活的差异?
2. 如果你的好友有类似的经历，你会如何帮助他?

案例分析

从满怀期望踏入大学校园，到遭遇挫折后想要退学，是什么让王诚出现如此巨大的转变?原因在于王诚没能顺利地适应大学生活。

适应障碍或适应不良是大学生群体常见的心理问题。个体的生活环境是发展变化的，个体会通过自我调节机制对变化的环境做出相应的改变，使自己的行为方式与外部环境及自身的发展相互适应，建立个体与环境间新的平衡状态。

大学生是同龄人中较为优秀的群体，也感受着大学校园里独特的压力，适应着大学生活与高中生活的诸多差异。面对新的校园环境、学习方式、人际关系模式以及对比群体等的变化，有的新生具有很强的适应能力和应对方式，能够顺利度过新生的适应期，开启大学生活的新篇章；部分大学生则缺乏有效的自我调节策略，难以适应大学生活。良好的适应会对大学生的身心健康产生积极的影响，适应障碍或适应不良者则容易陷入负性情绪的漩涡，严重的话，还会引发极端行为。

王诚同学入学以来，面临环境、学习、生活、情感和人际等多方面的变化，这些变化让他感困惑与迷茫。同时，他出现了失眠、心烦以及焦虑等不良的心理状态，可以向辅导员和心理老师寻求支持和帮助。

适应是一个人通过不断调整自身，使其个人需要在环境中得到满足的过程，也是自我与环境和谐统一的良好的生存状态。由于我们生活的环境在不断地变化，因此人们的适应就是一个连续不断的过程。人的一生是一系列适应阶段，每一阶段都会对个人的长期调节产生影响。希望莘莘学子在探索中成长，学会适应大学环境，成就更好的自己。

第一节　心理健康的标准

当今社会，人类已经能遨游星空，潜入深海，工业、农业、科技、体育等各方面取得了长足的进步。然而，伴随这些巨大的进步，数不清的问题也随之而来，并且对人们日常生活的影响愈发深入：生活节奏的日益加快，使人们处于高度紧张之中；社会的高速发展、瞬息万变，令人备感焦躁不安；日趋加剧的竞争无处不在，令人们心力交瘁。这些新问题的出现，使得包括大学生在内的每个人都容易产生这样或那样的心理问题和心理冲突，甚至可能出现极端行为，需要社会的引导、支持与帮助，以及自己的适应或改变，从而重新适应环境，重塑阳光心态。

一、心理健康的概念

随着社会的发展，国内外学者曾从不同的角度阐述心理健康的定义和内涵。

世界卫生组织先后多次对心理健康进行定义。1946 年，第三届国际心理卫生大会指出，心理健康是“在身体、智能以及情绪上与他人的心理健康不相矛盾的范围之内，将个人的心境发展成最佳的状态”；1948 年，世界卫生组织又将心理健康被定义为个体“在学习、生活和工作中的一种安宁、平静的稳定状态”；2001 年，世界卫生组织又将心理健康定义为“一种健康或幸福状态”。

简而言之，我们可以从广义和狭义来理解心理健康。从广义上看，心理健康是指一种持续、高效而幸福的心理状态；而狭义的心理健康则是指个体基本心理活动过程及内容达到和谐与稳定。

二、大学生心理健康的标准

判断个体的心理是否健康并非一件容易的事情，心理健康与否并不存在绝对的分界线。如何看待大学生的心理健康标准?

大学生的心理健康标准是相对的、发展的，而不是绝对的、静止的。根据我国大学生这一特殊群体的年龄特征、心理特点以及社会角色特征，其心理健康的基本标准可归纳为以下八点：

1. *浓厚的学习兴趣*

心理健康的大学生勤学好问，力学不倦。他们会珍惜学习机会，明确学习目标，克服学习困难，保持学习效能，为今后个人发展做好准备，并能从学习中体验到满足与快乐。

2. 稳定平和的心境

在心理健康的个体身上，我们可以感受到更多积极的情绪，当然有时也会有悲伤、忧虑、愤怒等消极的情绪体验，但通常持续时间不会太久，他们往往能适度地表达和控制自己的情绪；能满足于现状，不过分强求难以得到的东西；善于调控自己的情绪，持续稳定地保持愉快、开朗、乐观、满意的心境；无论是顺境抑或逆境，都能随遇而安，积极寻找学习的乐趣，发掘生活的光明面。

3. 意志坚定，能经受住各种压力和挫折的磨炼

有明确的成长目标和追求，能够攻坚克难，开拓进取；行不苟合，持之以恒，遇到外界干扰或诱惑能经受住考验，不为所动；能经受住各种压力和挫折的磨砺，勇往直前。

4. 和谐的人际关系

心理健康的大学生内心秉持“我好，你也好”的交往理念，乐于交友，善于与人相处，既能容人之短，也能容人之长，在人际交往中能够正确处理合作与竞争的关系，具有较强的社会适应能力和稳定的安全感，能被他人和集体接纳和认同；相反地，尖酸、刻薄、疑心、嫉妒、自私、敌视、与集体格格不入等行为，是心理不健康的表现。

5. 正确的自我意识

心理健康的大学生能以客观的态度去认识自我、他人和周围的世界，既不自恃清高，也不妄自菲薄。他们能做到思想上的自觉，情感上的自悦，心态上的自控，行动上的自律；调整好理想自我与现实自我之间的合理差距；善于从客观环境中吸取有价值的信息以充实自我、发展自我与完善自我，并恰当地进行自我评价和自我调适，从而更有效地控制自己的行为。

6. 适度的行为反应

适度的行为反应是指个体面对外界环境和事物的心理与行为反应。既不过于敏感也不表现迟钝，保持与同龄人相一致的心理行为特征：朝气蓬勃，充满青春活力；摆脱依赖，独立面对生活，创造性地处理问题；过分幼稚、过分依赖、过分老成都是心理不健康的。

7. 完整统一的人格品质

人格完整统一是心理健康的重要指标，心理健康个体的气质、能力、性格等各方面协调发展，具有相对的连续性和稳定性。知情意行协调一致，乐观进取，将个人的愿望、目标和行为有效统合，无双重或多重人格，不为私欲背弃信念和良心，不阳奉阴违、口是心非。

8. 良好的社会适应能力

心理健康的大学生能坦然面对困境，胜不骄，败不馁，无论高考成绩和高考录取是否达到预期，都能够正视现实，尽快适应大学新环境。遇到困难，积极主动应对，妥善处理，发展自己的潜能，与周围环境保持良好的接触，与社会要求相符合，为社会所接纳。

第二节　大学生心理发展的特点

习近平总书记在2016年底全国高校思想政治工作会议上第一次点评了“95后”大学生——朝气蓬勃、好学上进、视野宽广、开放自信。如今，“00后”也步入大学校园，新一代青年大学生“可爱、可信、可为”，勤于思考、独立自主、思维敏锐、情感丰富、朝气蓬勃，呈现出积极的发展态势。

一、大学生心理发展特点

大学生处于青年期，即哈勒提出的由“疾风怒涛”状态向“相对稳定”状态的过渡时期。在这一时期，大学生的自我意识蓬勃发展，人格初步形成，社会生活领域迅速扩大。大学生脱离了孩子群体的范畴，步入成年人行列，但由于现代人受教育年限的增加，暂时还不能履行成年人的责任和义务，因此，这一时期又被称为“心理延缓偿付期”，即大学生可以暂时合法地延缓偿付必须承担的社会责任和义务。接下来，从认知思维发展、情绪情感发展及意志行为发展几个方面来探讨大学生心理发展特点：

（一）认知思维发展

认知是个体对周围事物的看法、想法或观点，包括一系列感觉、知觉、记忆、思维、想象等的认知过程，以及对事物的解释和评价等心理内容。认知功能的提升可以帮助个体更好地认识自己、评价他人，客观看待周围环境，积极主动适应生活。在大学阶段，大学生的认知思维进入形式思维阶段，部分大学生已达到辩证逻辑思维水平；但受限于个人阅历和社会经验，大学生看问题时容易钻牛角尖，并且掺杂个人感情色彩；做决定时缺乏深思熟虑，容易偏激、过分自信和固执己见，往往把社会问题看得过于简单，易于陷入主观片面和想当然的境地。

（二）情绪情感发展

情绪情感是大学生个体心理发展的重要方面。受制于独特的社会地位、知识水平、生理状况以及心理发展的特点，他们的情绪情感表现为稳定性与波动性、丰富性与复杂性、阶段性与层次性共存的特征。

1. 稳定性与波动性

大学生情绪情感总体上比较稳定，具有较强的情绪调控能力，能约束冲动，对消极情绪进行自我调适。但是，也存在一些不稳定因素，情绪情感在平静与激动、积极与消极、外显与内隐等两极之间起伏，呈现波动性的特点。

2. 丰富性与复杂性

大学生情绪情感极为丰富且复杂多样，呈现出外显与闭锁、克制与冲动交错的特征。大学生反应敏感迅速，喜怒形于色，具有外显性特点；有时也会把真实的情感隐匿起来，紧闭心扉，不表露真实情感，呈现闭锁性特点。同时，大学生精力充沛，血气方刚，极易在受到外界刺激情况下出现一时的情绪和行为失控，呈现冲动性特点，但多数情况下还是能够实现自我约束和自我调节，呈现冲动性和克制性并存的特征。

3. 阶段性与层次性

随着年龄、知识的增长和阅历的丰富，大学生在不同年级阶段呈现不同的特点。大学一年级学生轻松感和压力感并存，自豪感和自卑感交织；大学二、三年级学生情绪相对稳定，积极参加社会活动，责任感、荣誉感等进一步增强；高年级学生面临毕业就业压力，社会责任感明显增强，但因毕业压力易产生焦虑情绪。同时，因为成绩、能力方面的差异，大学生又呈现出不同层次的情绪和情感特点。例如，学优生的自信心较强，情绪大多积极乐观，具有强烈的求知欲和学习兴趣，对班集体有较强的责任感和荣誉感；学困生内心矛盾冲突，既想奋发图强，又缺乏恒心和毅力，内心常感自责、苦恼，怕被人瞧不起。

（三）意志行为发展

进入大学后，独立生活的经历让大学生有更多活动和交往的空间，他们开始更深入地探索自我，能够客观地认识自己、评价自己，自我意识不断走向整合，人格发展逐渐成熟，为进入社会做好准备。大学生的自尊心和自信心增强，自我体验丰富，自我调控的自觉性、主动性、社会性和持久性不断增强，能有意识地对自己的心理活动和行为实施控制。大部分学生都具有较好的意志品质，多数已经能逐步自觉地确立富有社会意义的理想或者个人奋斗目标，并根据理想目标制定实施计划，克服困难，朝着目标迈进，其意志的自觉性、独立性、坚韧性、自制性和果断性都有了较大发展，但仍表现出一定的惰性、依赖性、冲动性和持久力的不足，情绪波动和任务性质也会影响到他们的意志行为。

二、大学生常见心理行为问题

每个人内心的画卷各有千秋，有些人阳光洒脱，觉得自己与心理行为问题绝缘；有些人内心一片黯淡，给自己贴上精神疾病的标签。其实，人无完人，在人生旅途中，每个人都会遭遇各式各样的困惑与问题。大多数人心理上会经历挣扎，有可能出现异常甚至脱离正常的轨道，只不过形式和程度不同。如果这些困扰得到及时有效的解决，就可以避免发展成为心理行为问题或精神疾病。

（一）心理行为问题

基于心理状态有正常与异常的划分，心理行为问题通常指各种心理与行为的异常。判断个体的心理行为是否正常时，有不同的区分标准。统计分析的观点主张从正态分布的概念来区分；社会规范的观点用个体行为是否符合社会规范和社会水准来区分；社会适应的观点以个体行为是否适应环境来区分；主观感受的观点从个体是否主观感受到情绪和身体的痛苦来区分。

简而言之，我们把心理行为问题分为两种，一种是发展性问题，另一种是障碍性问题。发展性问题是在某一发展阶段遭遇到的问题。如果个体不能顺利完成这个发展阶段的任务，就可能出现问题，这些问题是一般人都可能遇到的。例如，大学生的学习问题、情感问题、适应问题、人际关系问题、职业生涯规划问题等，是这个年龄段高发的心理问题。障碍性问题则是个体在学习、工作、生活中遇到的困难和烦恼，由于心理难以适应，最终出现较严重的心理障碍。一般来说，大学生的心理行为问题以发展性问题为主，因此，进行积极的自我调整和寻求心理咨询的帮助，可以在一定程度上解决心理行为问题。

（二）大学生常见的心理行为问题

1. 发展性问题

（1）学业问题

与高中阶段相比，大学生活的学习目标、学习环境、学习内容、学习管理等存在明显差异。许多同学进入大学后，面对学习目标的多元性、学习管理的自律性以及学习内容的丰富性等学习方式的转变，不能很好地适应大学的学习生活，特别是当所学专业与自己的兴趣爱好相抵触时，部分学生出现学习动力不足、经常性迟到早退甚至逃课、学习成绩严重下滑、不能按时毕业等现象。如果不能很好地应对学习上出现的问题和挫折，就极易产生心理行为问题。

（2）情感与性问题

大学生正处于成年早期，生理和心理机能趋于成熟，对爱情有较强烈的憧憬和向往。大学生谈恋爱是大学校园的普遍现象，也是个体心理成长的重要经历，但是很多大学生在恋爱中存在着情感与性的困惑，出现情感纠葛、失恋、单相思等困境和挫折。特别是失恋，容易引发强烈的痛苦和愤懑，如果不能很好地处理，则可能导致大学生出现心理失衡、情绪崩溃甚至极端行为，例如，通过自伤或者自杀伤害自己，或者把爱变成恨，出现报复性伤人或杀人等行为。

（3）人际关系问题

人际关系是个体成长的重要社会支持力量。中学阶段的人际关系相对单纯，由于面临高考的压力，大家更多关注学习，甚至无暇参与人际交往。进入大学后，人际交往变得复杂且广泛，更具独立性和社会性。良好人际关系的获得需要一定的交往技巧，并非每个学生都能处理好。在处理各种人际关系时，相当一部分同学在交往过程中产生压力和冲突，可能会表现为悲伤、沮丧、自卑、自我否定，如果长期因人际关系陷入情绪困扰，则可能产生心理行为问题。

（4）生涯规划与就业问题

在中学阶段，很多人的目标就是考上大学，并为此目标不懈努力。可是，考上大学之后，大家在忙碌的大学生活中开始迷茫，甚至不知道自己辛苦考大学的初心何在，失去了继续奋斗的目标和动力，出现网络成瘾甚至“躺平”等现象，这是缺乏必要的生涯规划的表现。

临近毕业，有相当数量的大学生因缺乏足够的就业心理准备，担心毕业即失业，容易情绪低落，忧心忡忡，甚至表现为比较严重的焦虑情绪和躯体不适，如果不及时排解或进行有效调适，可能会出现心理崩溃甚至更为消极负面的后果。

（5）情绪与压力问题

进入大学后，大学生远离家乡和亲朋好友，进入一个全新的环境，需要独自面对困难，学习承受各方面的压力。可是，有的同学不懂有效的情绪调控以及压力应对方式，亦不寻求他人的帮助，使压力越发沉重，陷入了消极情绪的怪圈。还有一些经济困难、家庭遭遇变故、身患疾病的同学也容易出现心理行为问题。

（6）人格与个人成长问题

有一部分大学生内心比较自卑，就算遭遇被别人拒绝等一些较小的挫折事件时，也很容易产生心理危机；有的大学生对未来很迷茫，觉得自己的一切都被父母安排好，找不到人生的意义和价值，反复追问人活着究竟是为了什么，内心缺乏价值感和意义感，很容易出现存在性的危机，甚至会发展成为极端心理。

（7）适应问题

大一新生不适应大学阶段的学习、生活是非常普遍的。有相当一部分学生第一次远离家乡，远离父母，远离朋友，去到一个陌生的城市，或多或少体验到分离的焦虑。再加上环境不适应、学习不适应、人际关系不和谐等多方面因素，大学生可能会出现入睡困难、早醒、食欲不振、注意力难以集中、焦躁不安、情绪低落等问题。

2. 障碍性问题

（1）心境障碍

心境障碍是以显著而持久的心境或情感改变为主要特征的一种疾病。

①抑郁症

抑郁症是一种常见的精神疾患，在大学生群体中也是高发的精神疾病。抑郁症以长期的心境低落为主要特征，是现代人常见的心理疾病类型。临床可见心情低落、丧失兴趣或愉悦感，有负罪感或自我价值感低，睡眠紊乱或饮食不振，感到疲惫不堪，注意力难以集中，对生活丧失信心，缺乏社会责任感，悲观厌世，痛苦绝望，消极逃避，最后甚至有自杀倾向。

抑郁症的病因虽然尚未清晰，但已证实生物、心理与社会环境多方面因素参与了抑郁症的发病过程。抑郁症可能会持续或反复发作，严重影响个体正常的学习工作。个体抑郁症最严重的时候可能会出现自杀行为。轻度到中度抑郁，可以通过心理咨询（如认知行为疗法）达到良好的干预效果。抗抑郁药可以有效治疗中度到重度抑郁。管理抑郁必须纳入社会心理学的内容，包括确立压力因素和支持系统，让患者维持或恢复社会交往网络和社会活动。

②双相障碍

双相障碍指一种既有躁狂发作又有抑郁发作的常见精神障碍。该病临床表现复杂，情绪低落或者高涨，反复交替，不规则呈现。躁狂发作时，过度活跃，急于表达，自尊心膨胀，睡眠需求减少。其病因虽然尚未清晰，但大量研究指出，遗传因素、生物学因素和心理社会因素等对疾病的发生和发展有明显影响，且存在交互作用。稳定情绪的药物和社会支持都是治疗双相障碍急性期和预防复发的有效方法。

③恶劣心境

恶劣心境是以持久的心境低落为主要特征的心境障碍，常伴有睡眠障碍、躯体不适以及焦虑情绪，通常不会出现躁狂症状，抑郁情绪持续两年以上。其间无长时间的完全缓解，如有时缓解，也不超过两个月。患者有求知欲，生活不受严重影响。与重度抑郁症患者相比，恶劣心境患者的抑郁状态相对恒定，但程度较轻、病程较长，自杀风险相当高。它通常始于成年早期，持续数年，有时候会持续终生。恶劣心境与压力事件和性格有较大关系。一般采用药物治疗、心理治疗和电休克治疗。

（2）神经症

神经症是一组精神障碍的总称，包括强迫症、焦虑症、恐惧症、疑病症、躯体形式障碍等。患者的内心非常痛苦且妨碍社会、心理功能，但缺乏器质性疾病的病理基础，自知力完整或基本完整，病程多迁移。发病常受到心理社会因素的影响。

①强迫症

强迫症是一组以反复出现强迫观念和强迫动作为主要临床表现的神经症性障碍。患者的痛苦来自思维和行动的强迫与反强迫的强烈冲突，患者会备感痛苦焦虑，虽极力抵抗，但难以自我调控，患者的生活起居、学习工作甚至人际交往都会受到影响。发病病因尚无定论，目前认为其主要与遗传、心理社会、个性等因素有关。强迫症的治疗可以采用精神分析，通过自由联想、移情分析，把个体潜意识中的冲突带到意识层面，冲突得到解决，强迫症也就自然减轻或者消失了。其实，很多人都有强迫行为，只要不觉痛苦，也不影响正常的生活和工作，就不算病态，也不需要治疗。

②焦虑症

焦虑症是以发作性或持续性情绪紧张、恐惧为主要症状，分为广泛性焦虑和惊恐发作两种。症状表现为紧张担心、坐立不安，还有自主神经功能失调等症状，如呼吸困难、口干舌燥、胸闷心悸、尿频、出汗、震颤和运动不安等明显躯体症状，且患者紧张或惊恐的程度与现实情况不相匹配。焦虑症的治疗可以采用放松疗法，即放松身体、深呼吸、冥想等方法，效果良好。

③恐惧症

恐惧症是指患者对特定物体、具体活动或场景产生长期和不必要的恐惧，如怕幽闭空间、怕爬高、怕尖状物、怕与人对视、怕去空旷地方等，可致脸红出汗、血压变化、心悸气促、恶心无力甚至昏厥等症状，因而出现回避的行为反应。尽管患者深知恐惧的对象不会对自己造成伤害或没有威胁，也明知道自己的害怕是不合理、不恰当的，但就是无法调控自己的情绪。恐惧症的病因尚未明确，某些患者有胆小依赖、内向害羞、过分认真等个性特点，有些患者发病有现实的心理诱因，治疗恐惧症既可以采用精神分析的自由联想法和移情分析法，也可以采用行为学派的系统脱敏法。

（3）人格障碍

人格障碍又称病态人格或人格异常，表现为明显偏离正常人格，且与他人和社会相悖的一种难以动摇的非适应性情绪和行为反应模式，具有冲动性和攻击性。这类人格障碍的突出特征是紊乱不定的心理特点和难以相处的人际关系，常始于童年、青少年或成年早期，通常持续终生，部分患者成年后症状有所减缓。人格障碍可能是精神疾病发生的素质因素之一。

（4）精神分裂症与其他精神病

精神分裂症是一种严重的精神疾患，影响着全世界约 2100 万人。包括精神分裂症在内，精神病的特点是思维、认知、情绪、语言、自我意识和行为出现扭曲。常见的精神病经历包括幻觉（听到、看到或感觉到不存在的事物）和妄想（就算有相反的证据，仍坚持错误的信念或怀疑）。精神疾患让受精神病困扰的人面临正常工作或学习的困难。

精神分裂症最初发生在青春期或成年早期，常常由强烈的心理压力所致，如失业、失恋或者重大丧失。这种障碍会突然出现，患者的行为会在几天或几周内明显发生变化。在最初阶段，患者回避社会，显得情感迟钝或肤浅，并且难以和他人沟通，可能会忽视个人卫生、学校功课或者工作。药物治疗和社会心理支持都是有效的方法，通过适当的治疗和社会支持，患者可以过上富有成效的生活，并逐渐融入社会。

第三节　实践操作

一、大学初印象

走进大学校园的体验非常美妙，其中让你印象最深刻的是什么？是气势磅礴的学校大门，还是镌刻在石壁上的校训？是林荫小道上的鸟语花香，还是某一位和蔼可亲的老师、意气相投的同窗好友？试着将它写下来或者画下来，将它称为“大学初印象”，相信它一定是我们记忆深处最美好的风景。

____

____

____

二、思考与分享

寻找优势品质

每个人都有人生的高山和低谷，可能是重要考试的成功或失利，也可能是获得或失去自己的真爱。回顾一下你的成长道路，试着写下相关答案，并与其他同学分享。

1. 在成长的历程中，是什么状态或者品质带着你走向人生的高光时刻？

____

____

2. 在成长的历程中，是什么状态或者品质帮你走出人生的低谷？

____

____

3. 对比上面两道题的答案，重新写下你的优势品质。

____

____

4. 有哪些特质是你此刻特别想拥有并觉得可以带领你走向美好未来的，请写下来，并思考如何在你的学习生活中去实践它们。

____

____

三、案例分析

小琳和小静是同班同学，也是舍友，但是，最近小琳发现小静发生了变化，变得让别人感到既讨厌又很担忧。以前的小静性格较为外向，会和大家一起上课、吃饭、自习、逛街。但现在大部分时间，小静总是独来独往，晚上辗转反侧，难以入睡，平时也吃得很少，或者不吃，回到宿舍也经常处于“静音模式”，有时候深夜发出伤心哽泣的声音，舍友内心非常忐忑不安。

小琳刚开始以为小静可能是发生什么事情，不想说出来，所以心情不好，也不好过多细问。小静很喜欢喝奶茶，一天，小琳回宿舍的时候，经过饭堂时特意给小静带了一杯奶茶。没想到小静直接把奶茶扔到垃圾桶，说自己不喝，还说不知道小琳有没有在里面放什么东西，想要害她，弄得小琳一头雾水。一段时间后，舍友觉得小静越来越奇怪，也慢慢疏远她了……

1. 如果你是小琳，你怎么看待小静的行为，后续会怎么做呢？

____

____

2. 如果你感觉小静出现了心理问题，你是通过哪些信号判断出来的？

____

____

第二章　心理危机与大学生

名人名言

天下无易境，天下无难境；
终身有乐处，终身有忧处。

——曾国藩

案例导读

危机与成长

案例描述

梓阳的求学经历颇多周折。由于高考失利，他来到一所普通的本科院校，还是读自己不喜欢的专业。经过深入思考，他决定退学回家重新参加高考。一年的复读生涯之后，他终于圆梦南方一所一本高校最热门的计算机专业。经历求学的波折后，母亲的离世更让他感觉丧失了生活的意义。大二上学期，母亲突然被发现患有胰腺癌，3个月后撒手离世。母亲去世后不久，父亲就再婚，并处理了以前的旧房子，重新购置了新房。在梓阳的心中，生命中唯一的依靠和依恋都随风而逝。

大三那一年寒冬，最疼爱自己的外婆也因病去世，梓阳一下子觉得心力耗竭，再没有温暖和依恋，没有了活下去的勇气。寒假，他留在学校没有回家，除夕，独自飘零在他乡，一个人漫无目标地在街道上游荡。深夜12点，他在微信朋友圈留言："这将是我度过的最后一个除夕夜。"幸运的是，梓阳的一个同学看到了这条留言，及时联系并找到了他，将他从死亡边缘挽救回来。

一年来，家庭变故接连不断，严重扰乱了梓阳的正常学习和生活，在母亲患病期间，梓阳经常往返学校和医院，耽误了很多课程。同时，由于长期的心情压抑、悲伤，梓阳晚上常常做噩梦、失眠，上课注意力自然不能集中。一年多缺课、缺考，使得学分未达标，梓阳面临退学。

梓阳的老师和同学们都十分同情他的遭遇，如果这样发展下去，他的前程很可能毁掉，甚至危及生命。学院辅导员和班主任经常跟他谈心，鼓励他迎难而上，努力学习，同学们也对他非常关心、照顾，主动邀他一起上自习，为他补课。一个月，两个月，三个月……老师和同学们的热心帮助终于见到了成效，梓阳心中的恐惧与悲伤得到了安抚，他感到自己并没有失去一切。亲人的离开，是生者没办法控制的，但是活着的人要为离开的人好好地活着，不要让远在另一个世界的外婆和母亲牵挂、担心。他决定顽强地活下来，为了母亲的遗愿，为了默默陪伴和付出的辅导员和班主任，还有天天守在他旁边的宿舍兄弟，这一次不能辜负大家的期望。

一年之后，他通过了所有需要重修的课程，还被某著名互联网企业录用。在学院毕业晚会上，他谈起一路走来的挫折和磨难，没有抱怨，更多的是一种坦然和真诚。言谈中，他对当年老师和同学们在困境中给予的支持和鼓励甚是感激。他说："亲人去了，无家可归，但我要活得好好的！"他希望自己努力拼搏，报答老师和同学，为学校需要帮助的学生做些力所能及的事情。

思考讨论

1. 梓阳经历了哪些挫折与磨难？他是如何对待的？
2. 如果你的生活中遭遇梓阳这样的磨难，你会选择如何面对？

案例分析

成长之路确非坦途，但不能轻易后退。当挫折、丧失接踵而至时，绝望的梓阳想通过自杀来逃避困境。在被救助后，他竟然能向死而生，迎接命运的挑战，经受挫折的磨砺，活出了别样的精彩！

1. 多重磨难，生命不堪承受

人生总会有难以承受的悲痛和困境，面对生命的磨难，每个人内心都有脆弱的时候，甚至一度因绝望走进生命的误区。案例中，梓阳先后经历母亲、外婆病逝，父亲另娶，学业受挫，从而产生痛苦、绝望、悲观、厌世等消极情绪，并发出了自杀的言语信号——"这将是我度过的最后一个除夕夜"。多重的磨难势必对个人生活造成很大的心理创伤，悲恸的感受有时候会将我们淹没，甚至让人怀疑自己能否重新恢复正常的生活。事实上，悲恸以及复原的历程是需要时间的，所经历时间的长短因人而异，人生中有些悲伤（如对已故之人的怀念）是不可能完全消失的，但时间是最好的良药，这种悲恸会随着时间的推移慢慢减弱。在从悲伤中恢复这一过程中，单纯依靠自身力量有时是不够的，寻求一些支持和陪伴可以更好地帮助我们进入新的人生阶段，如向朋友、亲人、老师倾诉，接受别人的善意等。

2. 接纳不可逆转的改变，从生活中寻找新力量

接受亲人死亡是一个艰难又漫长的过程，尤其至亲的离开会令人长期沉浸在

痛苦之中，甚至不愿意接受事实。我们可以看到，梓阳深陷于丧失亲人的痛苦中，难以振作。尽管生命中有很多困境，但请相信，每个人内心深处都有一种强大的力量，这股力量可以创造生命的奇迹。至关重要的是，如何将这股力量发掘出来，使其涌动起来，自己拯救自己，带着这些痛苦勇敢地生活下去。生活中不仅仅有痛苦和烦恼，还有爱和支持，在辅导员、班主任和同学们的关心、陪伴和帮助下，梓阳慢慢学会了接受现实的残酷，接纳了不可逆转的变化，并从生活中寻找新力量，在坚韧不屈的磨砺中完成学业，走向属于他的未来。

3. 寻求社会支持

个体在社会关系中获取的帮助（包括物质上和精神上）被称为社会支持。对于身处危机的人来说，社会支持对个体心理健康有着不可忽视的积极影响。通过探索并构建属于自己的社会支持网络，得到来自他们的帮助，人们可以更加有效地处理或解决个体现存的问题和危机，恢复至正常状态，让自己的生活重新进入良性、正常的运转状态。得到来自老师和同学们的支持、关怀和帮助后，梓阳悲痛的情感有所释放、宣泄。通过辅导员、班主任和同学们的谈话、心理安慰、建议和支持，梓阳逐步建立起面对现实的勇气和信心，对未来产生希望，并恢复至健康的心理水平。

第一节 心理危机

在人生历程中，没有任何一个人能够在他的一生中不遭遇危机，事实上，危机无处不在。有些危机是一生中必然要经历的，有些危机的出现则伴随偶然性。危机与心理危机的概念、心理危机的表现、引发心理危机的因素、心理危机的特征、心理危机的历程，以及有效预防和应对心理危机的策略等，都是需要各级政府、学校、家庭以及学生共同关注的重要问题。

一、心理危机的概念

“危机”一词源于古希腊的医学术语，指一种至关重要的、需要立即作出相应决断的状态，后来被广泛使用到多个领域。《现代汉语词典》对危机的解释是：“潜伏的祸机；严重困难的关头。”在心理学范畴里，危机通常指人类个体或群体无法利用现有资源和惯常使用的应对机制加以处理的事件和遭遇。心理危机则强调危机事件给个体的心理带来的强烈冲击。

1954 年，美国心理学家卡普兰首次提出心理危机干预的概念并对其进行了系统研究。他认为当个体面对困难情境时，其习惯性的问题处理方式以及支持系统会启动并发生调节作用，但如果当前的困难情境已经超过其应对能力，个体的内心会失去原来的平衡。这种暂时性的失衡状态称为心理危机。在卡普兰研究的基础上，格拉斯进一步对心理危机进行了定义。他强调了刺激或挫折事件给个体带来的心理伤害。

从汉语“危机”一词来看，其包含两方面内容：一方面是“危”，代表危险，可使人处于危险的状态，严重的话会导致自杀和伤人行为；另一方面是“机”，蕴含机会和机遇，因为危机产生的焦虑和痛苦会迫使人去寻找帮助、寻求改变，改变中蕴含着成长。许多研究结果显示，危机犹如硬币的两面，会引发个体正向或负向的反应，危机使得个体重新审视他的生活，在这个转折点上，一部分人会发现他们的确对危机发生前的生活感到心满意足并且很珍惜它，这些人在危机发生后，会尽全力重建他们的生活。然而，对另一部分人而言，危机的发生使他们对自己的生活进行反思，危机成为改变坏习惯并引发积极变化的催化剂和推动力。简而言之，机遇与挑战同在，成长与危机共生。当心理危机走近我们时，如果我们抓住这个机会，辩证看待危机带来的影响，就能够埋下自我成长和自我实现的种子，在挫折中成为更好的自己。

二、心理危机的表现

心理危机表现在生理、情绪、认知及行为四个方面，具体如下：

（一）生理方面

当个体遭遇危机事件，受到不可忽视的打击时，极容易出现严重的心理创伤，而心理层面如果出现问题，生理往往也会呈现出负面情况。危机事件对个体生理的负面影响主要表现为肠胃不适、腹泻、食欲下降、呼吸困难、梗死感、身体疼痛、失眠噩梦、易受惊吓、肌肉紧张等症状。例如，经历灾难性事件的当事人，生理方面的症状通常比心理方面的症状更容易被察觉，如皮肤症状、躯体疼痛及消化道疾病，睡眠中常常出现自伤或暴力行为、睡眠紊乱症状。总之，生理应激反应会影响其免疫功能，引发内分泌紊乱，从而增加个体罹患某些疾病的概率。

（二）情绪反应

1. 恐惧

恐惧是危机事件中最易被诱发的一种情绪，是一种因受到威胁而产生并伴随逃避愿望的情绪反应，它的情感体验是企图摆脱或逃避某种情境但又心有余而力不足。适度的恐惧心理是有益的，它是人们在面对危机时迸发的一种心理调节方式，协助个体提高自身的警惕性，并启动防御机制，进行自我保护。但过度恐慌极易引起一些心理障碍或精神层面的病理现象。恐惧心理使人们对现已发生或即将发生的威胁表现出高度警觉，常见的生理反应有心跳加速、出汗以及神经质发抖等。

2. 焦虑

个体遭遇危机事件时，焦虑也是一种常见的情绪反应。焦虑的外在表现也是各式各样的，如肌肉紧张、手心出汗、搓手顿足、面色苍白、脉搏加快、血压上升等。在这种情境中，当事人往往会高估所面临危机事件所造成的困难。换一个角度来思考，焦虑也是一种积极应激的本能，能够促使人鼓起勇气去应付危机事件。但是，当焦虑的程度及持续时间超过一定的范围时，则会起到相反作用，妨碍个体应对处理面前的危机，甚至妨碍正常生活。

3. 忧郁

如果遭受突发危机事件，当事人的工作能力、家庭关系甚至生命安全可能都会受到影响，会变得异常悲观、情绪低落、对任何事都高兴不起来、思考问题困难、自我评价较低，常常表现为沉默寡言、独来独往、抑郁苦闷、对生活缺乏乐趣、孤立无援。如果不能及时进行自我调节或接受专业咨询，就有可能发展成抑郁症。对有忧郁情绪的人应该予以一定程度的关注，避免其忧郁情绪愈发严重而导致抑郁症的产生。

（三）认知方面

认知方面主要表现为注意力难以集中、记忆力减退、效率降低、缺乏自信、思维反刍等，也常常表现为对自我、他人和前景表现为负性思维，如“这世界极端危险”“其他人不可信”“我太脆弱、太不坚强”等。在认知危机产生后的很长一段时间里，当事人会在日常生活和工作中对各种活动都不感兴趣，参与的频率和次数大幅降低，积极乐观的情绪减少，对未来常常持悲观态度，不愿与人交往，严重者甚至出现仇恨心理。同时，孤独感增强也是常见现象，当事人感到自身和外界隔绝或受到外界排斥，孤独苦闷。这种孤独感若无法得到恰当的疏导或排解而逐渐发展成习惯，当事人就可能会变得孤僻，甚至发展成人格障碍。

（四）行为反应

行为反应主要表现为社交退缩、逃避与疏离、暴饮暴食、信任感降低、盲从、强迫思维、强迫行为等。危机事件发生后，人们会尽可能地避开与创伤有关或者会勾起创伤回忆的人和事物，有些当事人甚至出现自我伤害的行为。危机事件过后，有些人的性格会朝相反方向转变：可能会有意无意地变得软弱无力，各项功能发生退化，缺乏自信和主见，过于依赖别人；行为可能变得胆怯幼稚、犹豫不决，倒退到不成熟的心理状态。如果当事人对自己的依赖程度没有正确的认识，便极可能发展成依赖性人格障碍。

三、引发心理危机的因素

在正常状态下，卡普兰认为，个体总是努力保持内心稳定、自身与环境平衡与协调的状态。但是，当重大问题或变化来临时，如果个体感觉难以把握、难以解决，正常生活将受到干扰，内心的紧张焦虑就会不断积累，继而变得无所适从甚至思维和行为紊乱，转入失衡状态，这称为心理危机状态。引发心理危机的原因很多，可能是灾难性事件，也可能是个体面临的内在冲突。下面从主观因素及客观因素两个方面进行分析：

（一）主观因素

1. 人格特征

每个个体的人格特征都是有差异的，在不同的人格特征影响下，个体会产生不同的生活习惯及行为方式。人格特征对心理社会刺激的认知评价，以及对个体面临危机时的应对方式、反应类型与强度起到决定性作用。例如，内向敏感、神经质倾向的个体在面对应激事件时比他人更容易诱发心理危机。相对而言，敏感内向性格者倾向于过多地将注意力指向自身，特别在自己所作出的无效应对上，导致个体不能及时获得和利用社会支持。同时，他们会加剧消极的情绪体验，放大生活事件的消极影响，使应对行为更加无效。情绪易波动是神经质倾向者的特征之一，他们会对自己以及周围人群造成消极影响。因此，当再次遭遇曾经发生在自己身上的生活变故时，敏感内向性格、神经质倾向的人可能更易产生持续、消极的心理应激反应。

2. 认知评价

个体对应激源所产生的心理反应很大程度上依赖于个体从自己的角度对应激源性质、程度以及可能危害性的评估，即认知评价。如果应激源本身对大多数人具有危险性，但当事人未觉察，或被解释为积极的或没有危险的，危机反应就不会被激发。相反地，即使应激源对大部分人不具有危险性，但当事人错误判断其具有危险性，也会导致个体出现危机反应。因此，让个体感到困扰的并非某个事件，而是不同个体对这个事件的主观认知和评价。

3. 躯体状态

长期被各种躯体疾病困扰的个体，容易受到疾病病情、进展情况及预后的影响，从而陷入消极情绪，不思饮食，悲观绝望，对外界事物失去兴趣，回避交往等，严重的甚至出现自我伤害的想法和行为。同时，长期陷于疾病状态的个体也可能引发人际沟通障碍，导致医患关系、家庭内部人际关系等各类关系的紧张，最终诱发心理危机的产生。

（二）客观因素

1. 自然环境

自然环境包括无法克服的自然状况变化，其往往会对人们的生命财产造成严重的损失，如海啸、地震、流行性疾病及其他非人为的自然灾害等。这类事件令人心疼生命的损失，还对各行业的生产发展造成极大的消极影响，各种组织的功能发挥也会受到波及，造成严重的生产力下降和经济损失。

2. 社会环境

社会环境也是危机产生的诱因之一。例如，政治冲突、武装革命、重大政策调整、民族分裂主义活动、大规模恐怖主义活动及其他政治骚乱等政治性危机事件；股票市场大幅度波动、物价波动等社会经济性危机事件；社会骚乱、游行示威、小规模的动乱、价值观认同的冲突等社会性危机事件等。

四、心理危机的特征

（一）危险与机遇并存

危机具有一定的危险性，可能导致个体出现严重的异常，甚至出现自杀和伤人行为。但一切事物都不是单面的，我们需要辩证看待危机，因为危机也代表着一种机遇，它给当事人带来的困扰和痛苦可能会转化为一种强烈的动力，促使人们寻求帮助或者实现突破，为个体成长埋下种子。

（二）成长和变化的机缘

伴随着危机的失衡，个体总会产生焦虑情绪，这种焦虑情绪带来的强烈不适可能会成为个体改变的动力，并尝试寻求有效的化解途径，那么危机就转变为自我成长的契机。

（三）复杂多样的症状

危机的症状宛如一张网，错综复杂，通常与个体的成长经历和所处环境有着密切的关联。心理危机对个体的影响涉及身心各个方面，继而波及周围的人群，相互交织。对于危机的干预需要考虑到个体成长经历以及周围环境的特殊性，其中，危机当事人的家庭成员和同学朋友是影响问题解决和帮助当事人恢复到稳定状态的非常重要的因素。

（四）不存在快速的解决方法

帮助危机当事人的方法多种多样，由于危机与内在个体相对稳定的人格特征、复杂的外部环境影响等关联，因此，没有万能或快速的解决方法，某些被称为“短期治疗”的心理干预方法，实际上并不能完全或快速解决当事人的问题。尽管药物等可以延缓或减少极端行为的出现，但对解决造成危机的源头问题并无过多帮助，最后甚至可能使危机加深。无论是当事人还是干预者，都需要全面看待复杂的危机，慢慢探索，推进解决方法的进程。

（五）选择性

危机和挑战是客观存在的，它们在我们的生活中总是接二连三地出现。面对危机，不选择也是一种选择，但这种消极的选择一旦被做出，则往往导致更消极的结果。选择做点什么至少有改变和成长的希望，帮助个体设定目标并制定克服困难的计划是危机解决的重要选择。

（六）普遍性与特殊性

不平衡和解体可能同时存在于每一个危机。危机具有普遍性，是因为在特定情境中没有人能够幸免，危机当事人通常伴随不平衡和解体；危机同时又是特殊的，因为即使在同样情境下，每个危机当事人的具体境遇和反应也可能不同。

五、心理危机的历程

一般来说，心理危机的发展要经历以下五个时期：

（一）前危机期

在正常状态下，个体能够很好地应对日常生活的应激事件。但当个体遭遇应激强度很大的事件时，常用的应对策略难以帮助自身摆脱困境，个体则会产生焦虑不安的感觉。例如，当感知到有变动会突然出现在自己的生活之中时，个体内心平衡的打破是轻而易举的，当平衡被打破时，常见的外在表现有警觉性提高，而个体内心会体验到紧张不安。为了重新获得内心的平衡，他可能会尝试用自己的惯有策略采取行动，做出反应。寻求外界的帮助通常不是处于这一阶段的个体会有的选择，面对他人对自己处理策略的建议，个体有时甚至予以拒绝性回应。

（二）冲击期

高强度生活事件刚刚发生的前几个小时，个体常表现为非理性思维、焦虑、惊恐，甚至出现意识模糊不清的现象。在这个时期，个体会将情境视为一种危险或威胁，也可能是一种丧失或挑战。如果问题在冲击期无法得到解决，紧张和焦虑就会持续加重。

（三）危机期

冲击期的表现持续加重，个体常表现为不能理解所面临的困难，出现退缩、否认问题存在等状况。危机期的个体会感到巨大的痛苦，其紧张和焦虑程度可能难以忍受，处于一种渴求解脱的状态。个体可能会进行一些努力和尝试，但如果发现并没有获得预期效果，则很有可能增加其焦虑程度。需要指出的是，当事人的思维以及应变能力会由于高度焦虑情绪而受到不同程度的打击，其行动的有效性也会受到干扰。处于危机期的个体可能有强烈的求助愿望和具体的求助行为，也可能不慎重考虑时间、场合和对象就发出求助信号。此时，来自他人的暗示和影响也会引起个体的不同反应。除此之外，当事人还可能采取超乎正常范围的无效行动来发泄自己内心的紧张，比如不规律的饮食作息、放纵散漫地游荡、酗酒等，这些行为并不能对解决困境产生积极影响，反而会对个体的身心健康带来伤害，增加个体的紧张程度和挫折感，并降低当事人的自我评价，甚至对个人的生命意义产生怀疑和动摇。

（四）适应期

个体用积极的心态接纳现实，成功地解决问题，焦虑减轻，自我评价提升，社会功能逐步恢复。处于适应期的个体在自身或者外界的帮助下采取了一些方式来应对危机，并取得了一定的干预效果，个体能逐渐地适应社会生活。

（五）后危机期

危机后期，有些人可能变得更成熟，在危机过程中学习了更多的积极应对方式与技巧；有些人则出现人格改变，常表现出退缩、回避、敌意、偏执、抑郁、酗酒、神经症、精神疾病等，甚至可能出现自残和自杀等极端行为。

第二节　心理危机相关理论

在面临重大危机事件时，个体心理的平衡状态会被破坏，人们普遍出现生理、认知、情绪和行为等方面的应激反应。这些应激反应会影响人们的正常生活，如果不能得到及时疏导，就会带来更多负面影响。心理危机干预能够帮助处于心理危机状态的个人或者群体脱离困难的境地，恢复心理的平衡。心理危机干预理论最早起源于20世纪40年代美国心理学家林德曼的相关研究，他提出危机带来改变与机遇的观点，该观点逐渐被人们接受。尤其是危机干预作为一种治疗手段的观念，不仅可以追溯到林德曼早期的工作，还关联到之后其与同事卡普兰一起进行的研究工作。本节主要介绍心理危机与心理危机干预基本理论，为进一步了解心理危机奠定基础。

一、心理危机理论

在人生的漫长的生命里程中，危机无处不在。应激事件作为一个危机源，伴随着危机带来的暂时性心理失衡，也蕴含着促进个体成长的契机。对心理危机理论进行解读，可以更好理解心理危机。

（一）基本危机理论

基本危机理论认为，创伤事件给当事人带来的应激反应不应当作异常或病态，强调这种反应是正常、暂时的，通过短暂的危机干预技术能够帮助当事人认识和矫正创伤事件所带来的暂时性认知、情绪和行为的失调状态，恢复内心的平衡稳定。该理论认为，每个个体在其漫长一生的某个时刻都会遭遇心理创伤，但应激和创伤本身并不能等同于心理危机，只有在个体的主观意识中认为应激会对个体的需求满足、安全感以及存在的价值和意义产生威胁时，个体才会激发自己的应激反应，从而出现心理危机。在这种意义上，危机是应激障碍引发的结果。

1. 林德曼的观点

林德曼于1944年最先提出危机理论，该理论主要关注因亲人死亡而导致的悲哀性危机。他认为，悲哀的反应是正常的、暂时的，并且可以通过短期危机干预技术来治疗。林德曼认为，正常的悲哀反应包括：总是想起死去的亲人，认同离世的亲人，有时可能表现出内疚和敌意，日常生活中也会出现某种程度的紊乱，甚至有一些与哀伤相关的躯体症状。这些反应都被看作是情感危机下的正常表现，是悲痛过程中必然经历的阶段。他提出的危机干预模式可分为四期：第一期是紊乱的平衡，即个体在亲人离世后，生活出现暂时的混乱和无序；第二期是短期治疗或悲哀反应显现，即个体开始尝试通过各种方式应对和处理悲哀，如寻求支持、进行哀悼等；第三期是求助者试图解决问题或应对悲哀反应，即个体开始主动寻找解决悲哀的方法，努力恢复生活的正常秩序；第四期是恢复平衡状况，即个体逐渐走出悲哀，重新找到生活的平衡和稳定。

总的来说，林德曼的理论强调悲哀反应的正常性和可治疗性，并提供了具体的危机干预模式，对于帮助个体应对亲人死亡带来的情感危机具有重要的指导意义。

2. 卡普兰的观点

林德曼关注创伤后哀伤的即时解决，而卡普兰在他的研究的基础上扩大到所有创伤性事件，包括发展性危机和境遇性危机。在卡普兰看来，危机是个体生活目标不能顺利实现的一种状态，而采用自己习惯的应对方法无法改变这种现状是造成危机的原因。

针对人类在创伤性事件中表现出来的普遍的、暂时的反应，林德曼与卡普兰的工作推动了心理专业工作者在干预中采用危机干预策略与短期心理干预策略，聚焦于帮助当事人认识和矫正危机状态下认知、情绪与行为的暂时性偏差。

（二）扩展危机理论

随着研究的进一步深入，人们逐渐意识到在心理、社会环境和境遇等多种因素的共同作用下，任何人在创伤事件中都不可能是正常的，都有可能出现暂时性的危机反应。扩展危机理论就之前研究中没有被关注的社会环境和境遇等外在因素进行了补充，分别从心理分析理论、系统理论、适应理论、人际关系理论、混沌理论中提取有效成分。

1．心理分析理论

心理分析理论立足的观点是通过探索个体无意识的情绪经历，可以更好地理解个体在危机情境下的不平衡和冲突，思考应激源为何会发展为心理危机。该理论假设同时也被用来作为主要的理论基础来分析和解释部分儿童在早期成长、发展历程中出现的固着现象，帮助危机当事人更好地理解自身行为的动因。

2．系统理论

系统理论认为生态系统所有要素相互关联，任何的变化都会导致整个系统的改变，所以重点关注危机事件中人与人、人与事的关系与影响，并不会过分关注危机当事人的内部反应。系统理论从社会和环境的范畴考察危机，区别于传统危机理论仅仅关注个体的变化，它采取人际关系系统的思维模式，而非只着眼于受影响个体的线性因果关系。

3．适应理论

适应理论是一个复杂而深刻的概念，它探讨了人们如何调整行为和思维来应对环境变化。在危机情境下，非适应性行为、消极思维和损害性防御机制的作用尤为突出。非适应性行为如逃避责任和冲动决策，可能加剧危机；消极思维使人难以看到问题的积极面，削弱应对能力；损害性防御机制如过度否认和逃避现实，可能阻碍个体正视问题并采取有效应对措施。这些因素不仅阻碍个体有效应对危机，还可能延长危机持续时间。因此，个体需调整行为、转变思维、采取积极策略，并克服损害性防御机制。只有积极应对，才能更好地适应挑战，走出困境。

4. 人际关系理论

人际关系理论主要是基于科米尔等提出的增强个体自尊的多个维度形成的，这些维度包含安全、信任、真诚、共享、开放、积极关注等。该理论的主要观点认为，通过提升危机当事人的自尊和自信水平，会有效缩短当事人危机状态的持续时间。如果个体只能通过别人的积极评价才能提升自信心，就会过多依赖别人，受制于外部环境。人际关系理论致力于引导个体重建自信，提升自尊水平，帮助个体获得对自己命运的控制权和能力，以及采取行动应对危机。

5. 混沌理论

混沌理论主要应用于那些表面看来杂乱无章、毫无头绪，但通过深入研究能揭示某种内在秩序的系统或事件。一个混沌情境犹如危机情境，当有相当数量的个体开始意识到自己无法识别所面对的困境时，就会演化成一个自组织的模式。由于危机作为一个混沌情境完全不是任何已知方案所能解决的，所以个体必须求助于自发、试误式的实验以应对危机。危机作为混沌并非没有秩序，而在于危机的秩序并未所知，因而是一个不可预测、自发、动态变化的发展模式，其发展受到成千上万互不关联的独立因素共同驱动，只有通过实验才可能从总体上对危机加以澄清。这种实验可能导致错误的起点或遭遇暂时的失败，或最终被证明没有出路，但也有可能产生自发的创新、对危机的创造性解决方案、临时奏效的方法的偶然碰到、合作的产生以及其他各种进化的努力，从而有效地解决并应对危机。

（三）危机人格论

心理危机的发生，除客观情境的作用，还涉及危机个体的个性特征。当面临同样的应激情境时，有些人不知所措，束手无策，时时刻刻感受着危险的来临；有些人则处变不惊，镇定自若，从容应对。德裔美国发展心理学家埃里克森提出了危机人格论，拥有某些人格特征的个体，出现危机的概率是比较高的。这些人格特质包括：①注意力集中困难，处理问题时不具备深度意识，不能抓住重点，会忽视问题的实质。②过分内向敏感、少言寡语、过度内省的个体，在面临危机情境时常常举棋不定，不断猜想危机带来的负面影响，来自外界的支持和帮助是此时他们的必需品。③在情绪情感上会表现出明显的波动性，自信程度不高，遭遇新的困难时会习惯性地想借助他人的支援，不具备自己成功处理并解决问题的能力。④不敢尝试解决问题，缺乏深度思考，采取行动时容易冲动，应对问题所采用的反应行为也常常是徒劳的。

（四）应用危机理论

应用危机理论是心理危机理论中的一个重要分支，主要关注如何在实际情境中应用心理危机理论，帮助个体有效应对心理危机，恢复心理平衡，并防止危机进一步恶化。

首先，应用危机理论强调对个体进行及时的危机干预。当个体面临心理危机时，心理咨询师或治疗师会运用心理危机理论的知识和技巧，对其进行系统的心理评估。然后，制定相应的危机干预方案，以缓解个体的心理压力和焦虑情绪，促进其心理状态的恢复。其次，该理论注重预防和减少心理危机的发生。这包括通过教育和宣传，提高个体对心理危机的认识和了解，增强其应对心理危机的能力。同时，该理论也关注社会和文化因素对心理危机的影响，倡导建立支持性的社会环境，减少可能引发心理危机的风险因素。再次，应用危机理论也涉及对心理危机干预效果的评估和改进。通过对干预效果进行定期评估，可以了解干预措施的有效性和不足之处，进而对干预方案加以调整和改进，以更好地满足个体的需求。

在应用危机理论中，心理危机通常被划分为境遇性心理危机、发展性心理危机、存在性心理危机等多种类型。应用危机理论在心理危机干预中发挥重要作用。它通过提供具体的干预策略和方法，帮助个体有效应对心理危机，促进心理健康和成长。同时，它也不断发展和完善，以适应不同个体和情境的需求。

二、心理危机干预理论

心理危机干预理论是给处于心理危机中的个体或群体提供有效帮助和支持的应对策略，有助于心理危机当事人症状的缓解和控制。下面，我们就行为干预理论、认知干预理论、生态系统理论、建构主义理论和折中的危机干预理论进行阐释。

（一）行为干预理论

行为干预的目的主要是实现特定行为的改变，从而降低或消除当事人在危机中的一些不良行为，培养或发展个体适应性行为，从而提升个体对危机的防御能力。行为干预技术主要包括以下三类：

1. 降低不良行为的出现频率

主要采取实施惩罚的手段，来降低和减少不良行为出现的频率。如果某一行为是由于得到了正强化的刺激而发生的，就可以通过实施惩罚来逐渐减少甚至消除该行为。暂停正强化、橡皮圈拉弹等是行为干预技术常用的方法。

2. 提高适应性行为的出现频率

通过正强化来提高适应性行为的出现频率。正强化主要是指在特定情境中，如果个体采取某个行为之后获得的是令他满意的结果，之后面对相似情境时就更可能重现这一行为，这就是正强化的原理。简而言之，将令人喜爱的事物与特定的目标行为有效联系，从而提高目标行为发生的概率和频率。而这种强化刺激物可以是物质层面的，也可以是精神层面的。

3. 行为塑造

持续地逐一强化更为接近目标的行为，同时减少较为违背目标的行为，目标行为就逐渐形成。

（二）认知干预理论

认知干预理论基于认知过程影响情感和行为的理论假设，指出认知是客观事件与个体情绪和行为的终结因素，认知的改变能使危机当事人的情感和行为发生积极的改变。认知干预理论关注危机当事人的不良认知以及思维模式，并把自我挫败行为看成是当事人不良认知所导致的结果。所谓不良认知，是指歪曲的、不合理的、非理性的思想和信念，它们往往容易导致个体出现非适应性的情绪和行为。因此，认知干预理论关注不合理认知的矫正，从而促使当事人的情绪和行为发生改变，以达到内心的和谐统一。主要治疗方法包括贝克的认知疗法、埃利斯的理性情绪疗法等。

（三）生态系统理论

该理论从系统的角度解释心理危机，认为创伤事件会对当事人的环境结构带来不容忽视的改变，仅仅关注和干预危机当事人的情绪创伤治疗是不全面的，应将协助当事人恢复与环境之间的平和稳定也纳入危机干预的重点。

目前，生态系统理论正在迅速发展，在此过程中，以下三方面起了重要作用：

1. 电子媒介的影响

电子媒介的影响如此广泛，以至于地球上每个角落的灾难和创伤性事件的消息都会迅速传遍世界。同时，正是由于科学技术的巨大进步，现在我们能够比较准确地预测台风、火山爆发、地震、森林火险等灾难，并在一定程度上提前做好准备。

2. 系统的相互依赖

我们逐渐认识到，我们希望将令人不悦的问题推离自己身边，推迟付出相应代价，包括经济、环境、社会和心理方面的代价。然而，世事常常事与愿违，当事人是无法做到这种理想状态的。有一个不可忽视的事实：付出的延迟意味着将来可能需要付出更大代价，也可能遭遇更为严重的灾难。

3. 一种宏观系统的方法

我们逐渐懂得如果危机没有得到解决，那么不仅求助者会受到影响，他的周边自然环境和人文环境也会遭受程度不同但又情况恶劣的危害，即个体所处的生态系统也难以完好保存。

（四）建构主义理论

建构主义者更加关注如何有效以已有的知识经验、内在心理建构和内心信念为基础来建构新的知识以及向外界作出解释。个体原来的经验有差异，对经验的认知信念也不同，所以对外部世界的理解也存在很大差异，这要求个体主动地和创造性地对知识经验进行建构。建构主义理论将心理危机划分为以下三个阶段：

1．危机干预前期

这一阶段，个体处于相对短暂的平衡和稳定的状态，但同时也置身于与环境和压力协调的情境，个体能够应付日常生活中的应激事件，但在平衡中潜藏着危机。危机具有突发性，为此，在危机干预前期采取相应预防措施是该理论的重点，通过向当事人提供多层次多维度的支持和引导，帮助个体完成自身内部心理结构的重建，促使个体对于危机发生的可能性和严重性产生敏锐的觉察，并积极采取有效措施进行应对，以防患于未然。提前给个体灌输这类信息，让其同化这些知识和经验，在大脑内部结构形成新的知识图式，完成初级建构过程。

2．危机干预中期

这一阶段，对个体提出更为严格的要求，个体在接触到危机事件之后，通过切身实地地体验，进行内化和建构，从而获得更为成熟有效、客观科学的内在认知图式，帮助自身进行高级心理建构。危机事件出现以后，经过初级建构模式的协助，部分个体能够有效调整，采取积极向上的态度走出阴霾、摆脱危机。这时通常采取个别辅导、团体心理辅导等形式开展干预行动，帮助他们以积极主动的态度选择合适的应对危机的有效措施。同时，在中期阶段，一个重要的目标就是让当事人调整思维模式，尝试用积极的思维模式面对和接受现实，妥善解决自己所面临的问题，减缓内心焦虑，提升自尊水平和自我评价，更好地恢复社会功能。通过逐步完善和巩固个体的认知图式帮助危机当事人达成目标，是一个高级的心理建构过程。

3．危机干预后期

这个阶段的关键点是个体完成高级心理建构过程。在危机干预过程中，危机当事人在多方帮助下，顺利解决了危机。之后，他们会反思危机解决过程，并从中汲取经验和教训，从而提升自己的应对方式，获得成长。在这个过程中，个体会不断内化、建构和完善内在的心理图式。在心理建构的各个阶段，危机干预者在向个体实施具体干预时，都会提供相应的具体情境，帮助个体对自己曾经因为知识经验储备不足而导致的不合理信念进行调整，从而获得更为理性的思维。长此以往，个体在遭遇心理危机时可以更好、更快地作出理性的行为选择。从长远来看，建构主义干预模式能够在一定程度上优化个体的个性品质，提升个体的应对及应变能力，可以说，这是最根本的干预方式。

（五）折中的危机干预理论

折中的危机干预是指从所有危机干预理论和技术中，选择与整合相关概念和策略，帮助干预对象走出危机。折中主义是各种方法的混合，很少有独自的理论和概念，更多表现为以任务指向为工作特征。它大致可以分为三部分：第一，发掘所有系统中存在的积极有效成分，将它们整合起来，成为内部具有一致性的整体；第二，在详尽了解危机的时间和地点后，全面评估相关理论、方法和策略，从而更好地评价和操作临床相关资料；第三，保持开放性的心态，持续不断地对得到成功结果的方法和策略进行实验。

折中理论将以下两个普遍主题融合在一起：一是所有人和所有危机都各有特色且互不相同；二是所有人和所有危机都是相似的。这两个貌似矛盾的主题其实并非相互排斥。可以说，所有人和所有危机都是类似的，因为所有特殊而具体的危机类型都具有普遍的共同成分。丧失亲人所引起的动力心理学过程具有普遍意义，并为干预者提供了心理危机干预过程中的一般指导性原则。但是，对个人而言，因丧失亲人而引起的心理危机干预必须因人而异，一个家庭怎样感受家庭成员死亡所带来的影响意义取决于很多因素的共同作用，如这个成员在家庭中的地位、每个成员对他的死亡的反应态度以及因他的死亡而造成的家庭结构的变化等。折中理论要求危机干预工作者对不同理论和方法有深刻的理解，从多个方面更好地理解当事人的需要，根据当事人的实际情况制定适合的干预计划。真正意义上的折中意味着要做大量艰苦工作，广泛地阅读专业文献，开展科学研究，对生活和人生进行反思体验，并接受专业人员的批评和指导。同时，折中还意味着敢于冒险，勇于放弃，即某一方法虽然初看起来是合理而有效的，采取后却被证明是不切实际的，则必须立即放弃这一方法。

第三节　大学生心理危机

危机与成长相伴而生，如果不经历磨砺，那么即使年龄日趋增长，心理发展也未必与时俱进。正是生命中存在潜在的危机和不确定性，促使个体将注意力投向自我，积极关注自我改变，从而获得成长的力量。为此，在成长历程的某一刻，危机与成长的力量是共生的。两种力量在博弈的过程中，此消彼长，成长永远是个体生命中积极向上的动力。然而，当面临特定情境时，生命中可能就出现一道坎需要你去经历，这就是潜在危机的发生。正如平静的大海里藏着惊涛骇浪，人生亦然。危机的不断积累与发展是一个潜在的量变过程，一旦达到临界点，量变带来质变，这就是危机，也就是成长契机。

一、大学生心理危机的特点

大学生心理危机具有发展性、交互性、易发性、潜在性等特征，具体如下：

（一）发展性

处于发展转变中的人，极易受应激事件的影响。人的一生中，各个发展阶段都有相对应的发展课题和任务。

我国著名心理学家林崇德教授在 1995 年提出了成年早期发展课题的十个方面，这些方面涵盖成年早期个体在生理、心理、社会角色等多层面所面临的挑战和需要完成的任务，具体如下：

1. 对身体发育的理解和适应。
2. 从精神上和经济上走向独立。
3. 逐渐完善性别角色。
4. 对新的人际关系的适应。
5. 正确认识自己的角色并不断完善自我。
6. 树立作为社会一员所具备的人生观和价值观。
7. 掌握一定的知识和技能，并付诸社会实践。
8. 选择职业及工作适应。
9. 恋爱及婚姻适应。
10. 成就感的获得与自我实现。

这些发展课题不仅对于个体自身的成长和发展具有重要意义，也对社会的稳定和发展产生着积极的影响。

（二）交互性

大学生心理危机是多因素交互作用的结果。学业预期、情感联结、人际冲突、经济压力等多因素交织，当遇到特定事件时，这些交互因素被激发，引发个体的心理危机。美国心理学家霍尔（1904）把青年时期比作疾风怒涛，这个时期的发展既受到生理变化的冲击，也为社会的准备与预期所影响。在 20 世纪上半叶，文化与环境对个体发展的影响也引发了心理学家的兴趣。美国心理学家莱文森提出的人生发展四季理论指出，个体在成年早期精力充沛，但同时也充满着矛盾和压力。在这一阶段，大学生收获了学业、技能、情感和事业的发展和满足，初步实现自己的主要生活目标，但同时也承担着巨大的压力，对工作、爱情和生活等方面的问题需要作出选择和承诺，显然，许多人缺乏作出明智选择的相关经验。为此，矛盾与冲突、选择与机遇、情感与职业发展等各项发展任务，会一股脑呈现在大学生面前，这些问题相互牵扯、相互纠缠，而大学生自身心理状态不成熟，缺乏社会阅历，极其容易引发各类的心理问题，严重的话甚至出现心理危机。

（三）易发性

心理危机的产生是内部因素和外部因素共同作用的结果。大学生年龄一般都在18到25岁之间，正处于成年早期。在这一时期，大学生的生理趋于成熟，并具备了成年人的生理特征，身高与体重基本成型，身体内部机能增强，性发育成熟，但其心理发展处于由不成熟向成熟发展的过渡阶段，再者，大学生社会发展又滞后于心理发展。因此，大学生的心理存在积极与消极、自大与自卑并存的矛盾与冲突。任何一个小问题，如果不能够及时干预或处理，都可能引发严重的心理危机，甚至导致悲剧性后果。大学生的激情犯罪与冲动自杀多与此特征有关。

（四）潜在性

大学生心理危机具有潜在性、隐匿性。大学生情绪情感丰富且不稳定，遭遇应激事件时，很容易造成心理上的矛盾和冲突，进而引发心理危机。美国心理学家埃里克松认为冲突存在于个体的每一个发展阶段，伴随生命的全部过程，顺利解决冲突将会促进个体心理的成长，他提出的“心理发展是由‘危机’所策动的”的观点得到研究者的高度认同。

二、大学生心理危机种类

1. 发展性危机

发展性危机可界定为：“一个内在形成的情境，它可能源于生理的或心理的变化，再加上个体发展、生物性转变与角色变迁等因素的影响。”在大学阶段，大学生遭遇涉及生理、心理上发展变化的心理危机，如升学适应引发的心理危机、性心理危机。这些心理危机是大学生生活中必须面对的重大转折点，可以说，大学生每一次发展性心理危机的成功解决都使其在成熟和完善的阶梯上向前迈步。大学生心理的脆弱特性，使他们在成长过程中发生某些重大转变的时候，常常出现这种危机。这类心理危机持续的时间比较短暂，但变化比较急。

2. 境遇性危机

境遇性危机更多强调存在于生活环境中的情境，这些危机情境具有突发性、难以预料和无法控制的特征。这包括：①人类某方面的基本需求得不到满足；②可能会遭遇丧失的威胁性或危险性；③超越个人能力的挑战。境遇性危机是随机发生、事出突然、令人震惊、情绪激动与变动激烈的，是大学生难以预料且无法掌控的，如父母离婚、经济来源中断、与同学或老师冲突、遭遇暴力性侵犯等。

3．存在性危机

存在性危机更多与重要人生问题关联，如人生价值、意义、责任、权力、自由与承诺等问题，大学生在这个年龄阶段对这些问题的探究相对比较集中，在思考和探索的过程中，常常会引发内心的困惑、迷惘、冲突和焦虑，导致出现心理危机。存在性心理危机的顺利解决对大学生正确树立人生观、价值观以及世界观来说，都有着重大的影响。

4．障碍性危机

障碍性危机又称病理性心理危机。这类危机的主要特征是病例心理。某些心理障碍本身就是一种或显现或隐匿的心理危机，例如抑郁、焦虑。除此之外，还有品行障碍或违法犯罪等行为失调引发的危机等。障碍性心理危机最显著的特点是具有潜在性和痛苦性。

危机伴随着人的一生，在大学阶段，其更多表现为发展性危机，例如学业压力、情感受挫、人际冲突等引发的危机。这些危机的与大学生的发展性问题息息相关，如果这些问题没能得到恰当的解决，个体很容易出现心理问题，影响个体以后的健康发展，严重的话，还可能会陷入心理危机，甚至出现自杀和伤人等极端行为。

三、大学生心理危机产生的主要原因

（一）抑郁情绪

严重的抑郁情绪成为大学生心理危机和自杀的重要影响因素。抑郁情绪是一种常见的情绪问题，在大学阶段，大学生面临学业、情感、人际、经济、就业等多种压力，当压力过大难以负荷时，大学生经常出现这种情绪反应。我们经常看到网络传媒中有关大学生自杀或伤人的报道，这背后的大部分动机与抑郁情绪是密切相关的。

（二）早期家庭教育与人格成长中的挫折

教育心理学的相关研究指出，家庭是人生的第一所学校，而个体在少儿时期形成的认知结构将影响他的一生。如果在早年的成长过程中缺乏安全感和信任感，那么随着年龄的逐步增长，个体会形成自我评价低、无价值、无用的思维模式，情绪低落、焦虑和悲观，从而影响其正常的学习、工作、生活和人际交往，也极易发展为人格的异常，最终发展为心理危机。通常认为，3 岁、7 岁、13 岁和 18 岁是人格形成的关键年龄，在此关键期，如果没能得到良好的教育或遭遇了其他应激事件，例如家庭变故、社会暴力等，就很容易导致严重的心理冲突或挫败感。

（三）适应困难障碍、交往障碍与自卑

不少大学新生入学后，在新的校园环境中，往往容易出现学习压力大、人际关系冲突、环境不适应等困难，很多学生越来越自卑；有些同学进入大学后发现大学校园与自己的预期相差太远，又远离亲友，缺乏情感的联结，从而感到孤独和迷惘，一些适应能力差的学生甚至产生了抑郁和焦虑心理；面对来自五湖四海的同学，大家因为性格、生活习惯、生活经历的不同，不可避免地会发生摩擦，特别是那些个性内向、敏感的学生很容易产生抑郁情绪。自卑感是一种觉得自己不够好的感觉。健康的自卑对个体发展是一种内驱力，这种自卑不是来自与别人的比较，而是与理想自我的比较，找到差距，并不断努力；不健康的自卑可能会成为大学生沉重的心理负担，变为生活中消极和负面的驱动力。深陷自卑的泥潭，个体容易失去内心的平衡，从而诱发心理危机。

（四）学习和就业压力

迫于就业和择业方面的压力加剧，有些同学整天忧心忡忡，感到强烈的不确定性和危机感，他们给自己施加很大的压力，除了逼迫自己完成分内的学业，还致力于各种资格认证考试，更加加剧了身体压力与精神压力，一旦努力受挫，就会带来严重的心理挫折感。在就业方面，有些学生自我期望值过高，没有认清竞争激烈的现实，当过高的求职期望与严峻的就业形势产生矛盾时，个体会深陷困扰的认知和情绪当中，当这些烦恼与挫折不断累积和增大时，心理挫折就会转化为心理危机。

（五）情感与性心理困扰

建立亲密关系是大学生心理发展的任务之一，但情感问题也是诱发心理危机的重要导火索。当前大学生谈恋爱的现象极为普遍，但由于性心理的不完全成熟，缺乏足够的性生理和心理知识，对成年初期的性冲动和性需求缺乏正当的理解，大学生常会产生焦虑、紧张、恐惧、羞涩，甚至出现不正当的性行为；还有一部分同学深受失恋、单相思等问题困扰，情绪或愤怒或低落，严重时还诱发极端心理危机。

（六）个体应对策略不当与个性缺陷

应对策略是个体面对生活事件和压力情境时所采取的策略和行为模式。在危机情境下，心理健康的个体往往能够正视危机，沉着冷静处理；而部分有心理缺陷的危机当事人则常因认知偏差、情绪失控、意志薄弱而造成严重后果。国内研究表明，性格内向、感情相对脆弱、无望感、冲动性和（或）攻击性及神经症（包括抑郁和退缩素质）等，与自杀高风险密切相关。这类人通常心理承受能力差，人格相对偏执，易产生冲动行为或胆怯退缩，在面临危机时容易心理崩溃，

思维反应缓慢，找不到解决问题的正确办法，从而产生非适应性的过激反应，对自己或他人造成伤害。

第四节　实践操作

一、挑战与困难

回忆进入大学时你遇到过的挑战与困难，以及你是如何处理的，请将结果写在表2－1的记录表上。

表2－1　记录表

项目	挑战与困难	处理方法	效果
作息时间			
饮食睡眠			
宿　　舍			
人际关系			
生活习惯			
金钱管理			
学习方法			
学习内容			
时间管理			
社团活动			
情　　绪			
…………			

二、思考与分享

我是成年人

你是在什么时候意识到自己是成年人的，又是什么时候觉得虽然自己在法律上已经成年，但实际上还是一个被父母照顾的孩子？请写下答案，并在集体中分享讨论。

1. 当____________________的时候，我觉得自己长大成人，因为____________________________________。

2. 我认为我现在还没有长大，因为____。

3. 跟同学交流一下，看看他们是否认为自己已经是成年人？

____。

4. 跟家长讨论，看看他们是在什么时候认为自己长大成人的，你的家人是否把你当成成年人看待？

____。

5. 分析人们对基本成年问题的看法，例如责任、独立等。

____。

三、案例分析

小琳，女，19 岁，大一学生。她怀疑自己得了抑郁症，主动到心理中心预约咨询。当咨询师询问她的成长经历的时候，她说自己的家庭关系存在问题，因为家里重男轻女，自己是个女孩，成长过程中一直不被长辈重视，所以她感到非常的痛苦。父亲的教育方式比较粗暴，认为棍棒底下出孝子，稍有不如意，她就会被打一顿；初中时，又遇上校园霸凌……自己感觉很是痛苦，曾有过多次自残；高中时，学习成绩优秀，受到老师和同学的关注，自己的心思更多放在学习上，但是一回家，就极其容易跟父亲发生冲突，所以每次将近放假，她内心便痛苦不堪，假期结束，从家里回学校也要缓解好些天，才能恢复相对平静的状态。虽然高考失利，考上的并非自己喜欢的学校和专业，但是小琳不想继续在家里和父母生活在一起，所以没有选择复读。父亲对小琳的专业很不满意，经常朝她发脾气，抱怨女儿不听话，不复读。

来到大学后，因为朋友都不在身边，小琳内心感到很孤单，父母时不时的电话吼叫，让她备感孤独、愤怒和委屈，进而经常失眠，不想吃饭，自卑，觉得活着没有价值感，注意力难以长时间集中。小琳有自杀意念，症状持续3年多。她经常躲在床帘里流泪哭泣，平时也独来独往，走在校园道路时，也会用耳机堵着耳朵，不想过多与外界沟通，反复沉浸于悲伤的情绪中。

根据案例提供的资料，请分析小琳的心理表现：

1. 生理：______________________________

____

2. 认知：______________________________

____

3. 情绪：______________________________

____

4. 行为：______________________________

____

第三章　大学生心理危机预防干预工作状况

名人名言

故天将降大任于是人也，必先苦其心智，劳其筋骨，饿其体肤，空乏其身，行拂乱其所为，所以动心忍性，曾益其所不能。

——孟子

案例导读

我无法完成论文

案例描述

小君是某重点大学生物专业的大四学生，美丽文静，在别人的眼中，她是个品学兼优的好学生，与老师和同学的关系也非常融洽。然而，小君内心觉得自己非常糟糕，她在日记里这样评价自己："我很虚伪，一无是处，在老师、亲戚和学长们面前装得聪明能干，乐于助人，骗得了他们的好感和认同。实际上，我却一无是处，我讨厌自己的长相以及一举一动，我为自己的做作、虚假和伪善感到恶心，我是个内心浮躁、多疑、拖沓、没有爱心、小心眼的人。"

小君的家庭经济条件很好，父亲是军人，母亲是公司高管。小君是家里唯一的孩子，父母对小君的期望非常高，管教也相当严。小君的父亲尤其严肃，他在家里基本没有露过笑脸；母亲则忙于工作，对她的学习和生活极少过问。唯一让小君感到温暖的是她的男朋友志明，善良体贴，经常陪伴在身边，对小君爱护有加。小君既感到幸福，又感到羞愧，觉得自己不配得到这么好的爱人。

临近毕业开题，同学们大多选择比较熟悉的论文选题。但小君心有不甘，希望自己在毕业论文上做得与众不同，于是挑了一个有挑战性的题目。由于选题做起来很困难，小君又希望尽善尽美，总觉得应该等各方面准备好再开始做，于是每天在图书馆看一段时间文献，结果拖拉了半年也没有什么推进，心里日渐焦虑。小君的进展实在是太慢，指导老师多次催促未果，十分恼火。

指导老师也是一个比较急躁的人，与小君父亲的性格有点相似，是火暴性子，对学生要求严格，小君觉得，以前的自己给指导老师留下比较好的印象，但这次让老师失望，还当着众多同学的面被指导老师批评，感到特别伤自尊。论文外审和答辩时间即将来临，小君连数据都没有收集好，更别提交初稿了。如果不能按时完成论文，很有可能影响毕业时间，这样的话，自己也无颜面对父母和男友。巨大的现实压力，让小君感觉喘不过气来，晚上一想起这些，她就睡不着觉，白天整个人感觉昏昏沉沉，做事情没有效率。如此持续了两个多星期，小君出现了强烈的自杀念头。所幸，细心的男友在吃饭时发现小君情绪不对，在反复追问下才弄清原委，及时将小君的情况跟辅导员沟通，并转介到心理中心跟进。

思考讨论

1. 小君因压力过大而出现自杀念头，谈谈你的看法。
2. 小君对自己的消极评价与哪些因素相关?
3. 如果你是小君的话，你会怎么做?

案例分析

自尊是促使个体不断自我成长和自我完善的原动力，拥有高自尊的人通常对自己有积极的看法，能够自信地面对挑战和困难。而自尊心强则更侧重于个体对自我价值的主观评价和认同感。自尊心强的人往往对自己的尊严和地位非常敏感，他们渴望得到他人的认同和尊重，并且极力维护自己的尊严。他们可能会对他人的评价产生过度反应，对于批评或负面评价会感到难以接受，甚至可能因此产生愤怒或沮丧的情绪。自尊心强而敏感让小君难以接受外界对自己不好的评价，她小心翼翼地保护自己在他人眼中的印象，生怕别人不接受自己。为此，一旦臆想到被别人拒绝或轻视，她就非常焦虑，她希望自己是优秀的，被别人认同，一旦做不到，就可能出现极端的行为——自杀。

1. 自尊心强而且敏感

小君的自尊心很强而且非常敏感，她深深自卑，不能接纳自我，不能认同自我。所以，她在日记是这样写："我很虚伪，一无是处，在老师、亲戚和学长们面前装得聪明能干，乐于助人，骗得了他们的好感和认同。实际上，我却一无是处，我讨厌自己的长相以及一举一动，我为自己的做作、虚假和伪善感到恶心，我是个内心浮躁、多疑、拖沓、没有爱心、小心眼的人。"她很要面子，在老师、亲戚和学长们面前装得聪明、能干，怕让老师失望，当着很多同学的面被批评让她觉得很没有自尊，这都是她自己的担心，是自信心不足的表现。一个真正高自尊的人，应该也是一个自信心很强的人，能够坦荡地面对自己，正视一切，实事求是地处理每一件事。

2. 父母教养方式与自卑、完美主义关系密切

小君的另一个性格特征是追求完美，而追求完美其实也是因为不能接纳不完

美的自己。人无完人，没有一个人会是完美的，过度追求完美往往会导致自卑心理。完美主义者会全力以赴去做好一件事情，但是他不一定能体验到成功的愉悦，因为他总是能发现还有很多不完美和遗憾，每一次成功可能都成为新的压力，变为身上的包袱，然后继续负重前行。完美主义者，在别人看来非常成功，可他们的内心体验可能恰恰相反。

童年时，心智发育不成熟的人，对自己的认识和判断往往来源于成人的判断，尤其是父母的评判。而生活在高期望值、经常被严格管教的家庭中的小君，成长过程缺少肯定、鼓励、关爱，这与她后来自我评价低、自我要求高、追求完美关联很大。

3. 消极的自动化思维

这个案例清晰地记录了小君消极的自动化思维。从一个消极的关联引发连环的消极信念，从而让小君产生自杀的想法。论文没能按照要求完成→耽误外审和论文答辩→不能顺利毕业→自己没面子、太无能了→对不起老师→无法面对父母和男友→无法面对这样的结果→一死了之，这种思维进程如此之快，以至于我们难以清晰发现其中的不合理性。我们常常固执地坚持自己的想法及做事的方式，尽一切办法证明自己的消极观念是正确的，他人的想法是错误的。其实，并非情境或事件引发了我们的消极思维，而是我们对事情的认知偏差导致消极情绪和行为的出现。

第一节　大学生心理危机预防与干预工作

一、大学生心理危机预防与干预工作的意义

（一）有利于大学生树立正确自我认知

大学生正处于青春期向成年早期过渡的关键时期，这一阶段的大学生逐渐对自己的素质、潜能、特长、缺陷、经验等有了清醒的认知。心理学上把这种有自知之明的能力称为自觉。这通常包括了解并正确评估自己的资质、能力与局限，相信自己的价值和能力，察觉自己的情绪对言行的影响等方面。如果个体的自我评估与社会上其他人对自己的客观评价差距悬殊，就会使个体与周围人之间的关系失去平衡并产生矛盾，不利于个体成长。心理危机干预为大学生自我认知的完善提供策略，帮助其在比较中认识自我、从他人的评价中认识自我、通过反省认

识自我、通过经历分析认识自我。心理危机干预工作人员还会提供相应的接纳自我策略，培养大学生正确的自我认知，使大学生实现现实自我和理想自我的统一、个体自我和社会自我的统一，从而自觉地按照社会发展规律、人们的要求和时代的需要进行自我教育，将自己培养成对社会有用的人。因此，加强大学生心理危机干预和管理，对于培养大学生正确的自我认知和抗挫能力、预防大学生心理危机事件的发生、全面提高大学生的心理素质具有重要意义。

（二）有利于大学生塑造健全人格

大学生正处于由青春期过渡到成年早期的阶段，生理、认知、情感各方面逐渐发生改变，他们开始关注自我，发现并体验自己的内心世界，将自我认识不断进行分化与整合。美国心理学家霍林沃思将这一时期称为心理断乳期，认为心理断乳期是青年在心理上脱离父母或者其他养育者而变得相对独立的过程，是孩子从幼稚走向成熟的转折时期，反映其心理的成长和进步。由于当代大学生中独生子女居多，在进入大学之前受原生家庭环境和应试教育压力的影响，平日里以学习知识为重，生活起居多由家长代劳，社交范围也仅限于校园及学校周边，他们并未见过广阔的世界，人格尚不成熟，三观也尚未完全定型，人格塑造方面还有很大的发展空间。在进入大学这个小社会后，他们离开父母走向独立，开始独立社交并认识世界。这个阶段的他们需要承担青春期不曾体会过的压力，经历挫折与摔打，很容易因为外界负面事件的影响而出现情绪波动。随着社会环境的日益复杂，大学生们面临的学习、生活、就业与情感等方面的压力越来越大，在这种背景下，正处于心理断乳期的大学生易爆发心理危机。因此，高校非常重视大学生心理危机问题，通过及时有效的心理危机干预进行人格塑造，使他们朝着积极的方向发展。

（三）有利于大学生培养良好意志品质

大学阶段是人生发展的重要时段，是人生观、世界观形成的关键时期。同时，对于大学生来说，这也是由学校到社会的过渡阶段，这时的他们会产生各种冲突与困扰，从而导致各类心理问题。这些问题往往与他们的人生观、世界观、价值观交织在一起。但与此同时，这也是良好意志品质形成的关键时期。意志坚定的人会自觉地确定目标，并根据目标调节、支配自身行为，克服困难，最终实现目标。大学生应当确立科学的世界观和人生价值观，树立坚定的信念和远大的理想，保持进取向上的个性，培养起适应和改变恶劣环境的能力和坚韧不拔、积极进取的良好意志品质。因此，高校在改进与加强大学生思想政治教育工作中，非常注重从心理健康教育、理想信念教育、思想品德教育、价值观教育等各个方面层层铺开，将思想政治教育与心理健康教育工作结合起来，相互补充、相互促进。在日常的德育工作中，及时对大学生中存在的心理问题有针对性地进行调研，对有心理困扰的大学生提供有效帮助并积极引导，培养他们良好的意志品质。

二、大学生心理危机预防与干预工作的流程

（一）开展学生心理健康的普查

高校学生心理健康普查指利用科学的心理评估工具，对大学生进行系统全面的心理测评。这不仅有利于学校全面掌握学生的心理状况，及时有效开展学生心理健康教育与心理危机干预工作，同时还能帮助学生更好地认识自我、发展自我，增强自主维护心理健康的意识。

1．组织新生撰写个人自传

每年新生入学后，高校应组织新生撰写个人自传，建议学院辅导员和班主任在10月中旬前完成审阅工作。通过新生自传及时了解学生入校时的心理动态，发现问题要上报学校心理中心，共同研讨进一步的干预处理。

自传包括两大内容：一是个人成长经历部分，对这些经历的认识和看法，在成长过程中印象特别深刻的一些事情及其对自我的影响；自我评价部分，认为自己有哪些性格特点，这些性格特点对自己生活的影响等。二是对自己大学学习及生活的规划，如希望如何度过自己的大学生活，对未来就业的规划等。字数1500字以上。

新生辅导员和班主任需仔细阅读学生自传，并在两周内完成。如学生个人自传反映出较为坎坷的成长经历、情绪波动大或者情绪消极、看问题的角度比较偏激等，或呈现出严重的心理问题，需要及时予以关注，逐一进行访谈排查，并上报心理中心做好存档。

新生自传是高校心理危机筛查工作的重要流程之一，可以帮助学生更好地认识自我，也帮助辅导员和班主任在全面了解学生心理状态和成长经历的基础上，尽快与学生建立良好的师生关系，发现需要关注的学生，并为后续的心理帮扶工作奠定基础。各学校在收集新生个人自传时，务必注意保护好学生的个人隐私。新生个人自传是重要的心理档案材料，不要安排班长或心理委员等学生收集，必须由辅导员或班主任进行收集，并由辅导员和班主任老师亲自查阅。

2．开展秋季心理健康测评

秋季心理健康测评也称新生心理健康普查，建议各高校在国庆假期后，面向全体大学新生组织进行。心理中心每日向各学院反馈测评完成情况，做到及时测评，及时反馈。

3. 春季心理健康测评

春季心理健康测评也称老生心理健康普查，一般于每年春季开学后组织进行，普查对象为大学二年级以上学生，每年至少完成一个年级的心理普查工作。心理中心每日向各学院反馈测评完成情况，做到及时测评，及时反馈。

（二）心理访谈

高校学生心理危机筛查要做到心理健康测评和心理访谈相结合，先有序组织心理健康测评；测评结束后，对有预警结果的学生进行心理访谈，最终确定学生是否属于心理危机预警对象。

1. 心理访谈对象

心理访谈对象为心理健康测评筛选出来的预警学生，根据心理健康测试结果，可将学生分为三类：一类学生疑似存在较为严重心理问题，由心理中心负责访谈；二类学生疑似存在一般心理问题，由二级学院心理辅导负责访谈；三类学生未发现心理问题，不需要访谈。心理中心、二级学院心理辅导站要联系需要访谈的学生，及时预约学生进行心理访谈。心理访谈需尽快进行，一、二类学生的访谈率要达到100%，而且要在心理健康测试结果出来一周内完成所有访谈工作，以确保访谈的及时性和高效性。

2. 心理访谈工具

常用心理访谈工具为《心理访谈提纲》《简明国际精神访谈中文版》两个量表。访谈时，首先使用《心理访谈提纲》进行第一轮评估，如果评估学生需要进一步了解情况，则结合《简明国际精神访谈中文版》进行详细访谈。

（1）《心理访谈提纲》

《心理访谈提纲》评估内容共分为两部分，第一部分为12道评估题目，第二部分为访谈教师对学生进行总结性评估。量表包括适应性、自主性、情绪、人际关系等方面，访谈教师应充分熟悉量表的内容，以轻松温和的语气与学生进行访谈交流，了解学生的情况，切不可僵硬提问。

访谈教师将学生的大致情况填写进目前情况，在“心理问题严重程度”一栏进行总体评定。评定结果分为四类：①“没有问题”，指学生目前心理状况正常，未见明显异常。②“存在一定问题”，指学生目前存在一定现实因素引发的一般心理问题，处于暂时性的心理不健康状态，可由学生进行调整，后期进行一次回访即可。③“问题比较严重”，指学生存在严重心理问题或者疑似神经症性问题。④“问题非常严重”，指学生疑似存在心理异常现象，包括疑似精神障碍，存在自杀意念或自杀尝试等。评估结果为“问题比较严重”“问题非常严重”的学生，需要进一步使用《简明国际精神访谈中文版》来帮助了解、评估学生情况，并根据学生的不同情况进行下一步跟进处理。二级学院层面的访谈只使用《心理访谈提纲》（表3－1），如果发现学生可能存在“问题比较严重”“问题非常严重”情况，应及时联系心理中心介入，进行更加专业的评估。

表3－1　《心理访谈提纲》参考模板

姓名		院系	
学号		联系方式	
访谈时间	年　月　日		
是否存在以下问题：			
1. 近期有过放弃学习、退学甚至自杀等非常消极的念头。是（　）否（　）			
2. 不适应当前的生活。是（　）否（　）			
3. 感到学习困难，觉得跟不上所学课程。是（　）否（　）			
4. 不喜欢所学专业。是（　）否（　）			
5. 没有学习目标化学习动力。是（　）否（　）			
6. 缺乏自信，自我评价低。是（　）否（　）			
7. 与宿舍或班级同学关系处理不好。是（　）否（　）			
8. 存在明显不良情绪，如抑郁或焦虑。是（　）否（　）			
9. 存在家庭问题。是（　）否（　）			
10. 疑心重，总是怀疑别人。是（　）否（　）			
11. 有一些别人无法理解的或者比较古怪的想法。是（　）否（　）			
目前情况：			
没有问题（　）	存在一定问题（　）	问题比较严重（　）	问题非常严重（　）
访谈教师签名：			

（2）《简明国际精神访谈中文版》

在初步访谈中评估学生为“问题比较严重”“问题非常严重”类型后，需要根据学生的症状，采用《简明国际精神访谈中文版》量表进一步进行辅助访谈，根据学生表现出来的症状，选择合适的此量表进行重点访谈、评估。

《简明国际精神访谈中文版》是简单有效和可靠的定式访谈工具，包括130个问题，主要用于筛查、诊断《精神障碍诊断和统计手册第四版（DSM－IV）》和《国际精神障碍统计分类手册（ICD－10）》中16种Ⅰ精神疾病和Ⅰ种人格障碍，对抑郁发作、焦虑障碍、物质依赖、精神病性障碍的诊断有很高的一致性。

3. 心理访谈后的数据处理

（1）建立学生心理档案

整理所有学生的心理测评、心理访谈情况，将纸质版档案归档保存，并将所有信息录入学校的心理系统进行电子保存。学生心理档案包括学生信息、测评记录、咨询记录、跟进记录、干预记录等内容。辅导员应及时对学生信息进行跟进更新，心理中心教师也应持续跟进，了解学生信息并与院系联动，动态了解学生心理状况，预防学生心理危机的发生。

（2）建立心理危机预警名单

建立一个专用的预警名单，将访谈中发现的需要关注的学生（评定为“问题比较严重”“问题非常严重”）纳入其中。对心理危机预警对象要建立完善心理档案，收录学生心理危机预警登记表、评估阶段的访谈记录以及相关心理健康测评结果、心理评估报告、动态管理记录（预警次数、预警等级变动等信息）、其他材料（如家长告知书、医院诊断书、承诺书等各种证明及记录材料）。

对访谈中被评定为“存在一定问题”的学生也不能够忽视，须由二级学院持续跟进。

（三）高校心理危机预警工作

1. 心理危机预警对象分类

心理危机预警对象分为以下三类：

①一般关注对象（三级危机干预），主要指存在严重心理问题、处于心理障碍稳定恢复期等的学生。

②重点关注对象（二级危机干预），主要指存在神经症、处于心理障碍治疗期（不存在危险性）等的学生。

③危机对象（一级危机干预），主要指出现危机状况或发生危机事件，处于重度抑郁、心理障碍发作期，存在明显自杀意念，进行自杀尝试，出现自杀征兆等的学生。

2. 心理危机评估流程

心理危机评估一般通过对照一般关注对象、重点关注对象、危机对象分类，对心理危机预警名单中的学生进行综合评估，从而确定学生危机等级并撰写评估报告。

在评估阶段，如果学生的心理危机程度超出学校心理中心工作范畴，应借助精神卫生机构协助评估进行转介，此类学生包括疑似患有严重心理障碍（如抑郁症、焦虑症、双向情感障碍等）或精神分裂症的学生、不愿意在学校接受心理辅导以及其他超出学校心理健康教师能力范围的个案。

3. 心理危机分级干预方案

学生心理问题的严重程度不同，其所处的心理危机状态也有所差异，因此，需要根据预防预警级别采取不同的干预方案。

（1）三级危机干预——一般关注对象的管理

被列为三级危机干预——一般关注的学生，由心理中心老师协同院系制定干预方案，辅导员、班主任给予积极关注，必要时寻找家长支持。在征得学生同意的情况下，为学生提供心理咨询、团体心理辅导等心理服务，院系定期与心理中心交流研判学生心理调适效果，及时对该方案进行修改与调整，具体要求如下：

①辅导员/班主任每月应与学生至少进行一次谈话或情况了解，并将情况录入学生心理档案。

②辅导员/班主任应安排主要班干部/心理健康联络员/宿舍心理信息员对学生予以跟踪关注，每月至少报告一次该生的情况，紧急情况及时汇报。

③必要时，辅导员/班主任通知家长，与家长保持沟通。针对学生的具体情况，斟酌是否发放家长告知书。

④心理中心为学生提供心理咨询、团体心理辅导等个性化心理服务。

⑤在危机事件高发时段（如春秋季节、假期前后以及有自杀事件发生时），辅导员/班主任应及时关注和监控该学生动态。

⑥如果学生情况有所缓解，经心理中心谈话评估并备案，可取消对该生的预防预警关注。

（2）二级危机干预——重点关注对象的管理

被列为二级危机干预——重点关注的学生，由院系、家长、心理中心、医院共同制定干预方案，心理中心负责提供专业心理服务，医院提供诊断治疗服务，辅导员/班主任重点关心学生的心理与行为变化，在能力范围内辅导和帮助学生，家长应尝试多与学生沟通，给予孩子积极的帮助与心理支持，心理中心定期对院系、家长进行危机干预相关的专业指导，合作完成危机阻控，防止危机进一步升级，具体要求如下：

①辅导员/班主任每月应与学生至少进行两次谈话或者情况了解，并将情况录入学生心理档案。

②辅导员/班主任应安排主要班干部/心理健康联络员/宿舍心理信息员对学生予以跟踪关注，每两周至少报告一次该生的情况，紧急情及时汇报。

③辅导员/班主任应保持与家长的联系沟通，对首次发现的重点关注学生应及时通知家长来校面谈，将学生的详细情况及其可能引发的严重后果或危害告知家长，并督促家长陪学生前往专科医院进行治疗，同时发出家长告知书。特殊情况下，如家长不配合学校预防预警工作要求，还需签订家长承诺书和学生承诺书。

④心理中心为学生提供心理咨询、团体心理辅导等个性化心理服务，定期对院系、家长进行危机干预相关专业指导。

⑤在危机事件高发时期（如春秋季节、假期前后以及有自杀事件发生时），应密切关注和监控该类学生动态。

⑥如果学生情况缓解，经心理中心谈话评估并备案，可将关注级别转为一般关注。

（3）一级危机干预——危机对象的管理

被列为一级危机干预——危机对象的学生，属高危人群，易发生自残行为，有自杀倾向，易做出危害他人行为，需要分管副校长，院系分管负责同志、学生处处长、心理中心、辅导员、家长联合会商，共同商讨对策，协商转介专科医院、请假、休学等相关处理方案，此类学生需要给予及时、特别的防护，具体要求如下：

①一经发现，院系与心理中心应立即相互反馈，共同商定处理措施，并立即安排当事人与心理中心老师谈话。

②访谈时，心理中心负责老师须耐心倾听，了解并记录关键信息，慎重对当事人进行评估，如果怀疑为精神分裂症或抑郁症等精神疾病的，应由辅导员陪同转介至专科医院进行诊断。医院认为应该住院治疗的，应在当天与家长取得联系，并要求监护人一定要尽快赶至学校。

③心理中心专业人员根据发现者反映的情况、当事人的表现以及专科医院所做的诊断对当事人进行危机评估，提出处理建议，例如是否需要送往医院住院治疗、是否需要联系家长、是否需要院系以及同学帮忙等。凡是评估为重度抑郁或者有自杀，伤人、精神病性症状征兆的危险者，院系一定要给予 24 小时监控，同时必须联系家长到校，必要时送院治疗。

④处理因应激事件引发的危机个案，应当注意加强与相关人员沟通，以修复或建立支持系统，使学生获得解决问题的资源。如亲子冲突事件应与父母进行沟通，恋爱冲突事件应与恋人进行沟通，学习问题应与教师和教务部门进行沟通等。

三、大学生心理健康状态调查

（一）调查目的

初步摸清大学生心理健康状况，为后续研究重点关注群体团体心理辅导干预方案提供相应的数据支持。

（二）调查对象

对广州某综合性大学新冠疫情连续三年的新生进行新生心理调查，全面了解新冠疫情以来大学新生心理状态。

（三）测试量表

1. 个人基本信息表

该表旨在了解学生的家庭情况、专业信息、生活状况、社会支持及其相应的满意状况等，为后续的跟踪访谈及心理健康教育工作提供依据。

2. 心理症状自评量表（SCL－90）

该量表共有90个项目，包含较广泛的心理症状学内容，从感觉、情感、思维、意识、行为等方面进行考察，从躯体化、强迫症状、人际关系敏感、抑郁、焦虑、敌对、恐怖、偏执精神病性、其他等10个因子对学生心理健康状况进行评估。当总分超过180分，且某个因子分超过3分时，说明该生的心理可能存在问题，需要进一步追踪访谈。

3. 大学生人格问卷（UPI）

UPI是在新生心理普查中使用最为广泛的量表，它主要用于了解大学新生在环境适应、身心健康等方面的情况，以期能够及早发现问题并进行干预。为了有针对性地进行工作，它将学生划分了三类：一类是UPI总分在25分（包括25分）以上或第25题做肯定选择者；二类是UPI总分在20分至25分（包括20分，不包括25分）之间或第8、16、26题中有一题做肯定选择者；不属于一类或二类者应归为三类。其中，一类为可能存在较明显心理问题的学生，需进一步进行追踪访谈，以确定问题的严重程度。

4. 自杀意念自评量表（SIOSS）

SIOSS量表在筛查有自杀意念学生时效果明显，实用性较强，准确性较高。SIOSS量表根据得分高低对填写者进行分类。填写者自杀意念维度总分≥12分且掩饰因子分<4分，则判定为有自杀意念，得分越高，自杀意念越强。学生如表现出绝望程度高、不乐观、睡眠有障碍等心理特点，需要进一步追踪访谈。

（四）调查方法

采用线上调查方式。

（五）调查结果

该高校2021级有学生7395人，实际测查人数为7351人，测查率是99.41%。

1. 心理症状自评量表（SCL－90）调查结果

该调查表应参加测试人数为7395人，实测人数为7417人（有同学重复测量），总体有效测查率为100%。当总分超过180分，且某个因子分超过3分时，则测量结果显示预警状态，说明该生可能存在心理问题。统计结果显示，测量结果预警人数为656人，检出率为8.87%。不同年级前五位检出因子排序见表3-2。

表3-2 不同年级检出率前五位因子排序

年级排序	1	2	3	4	5
2021级	强迫症状	人际关系敏感	焦虑	抑郁	恐怖
2020级	强迫症状	人际关系敏感	抑郁	焦虑	恐怖
2019级	强迫症状	人际关系敏感	抑郁	焦虑	恐怖

2. 大学生人格问卷（UPI）调查结果

UPI应参加测试人数为7395人，实测人数为7597人（有同学重复测量），总体有效测查率为100%。通过筛查发现；一类学生检出人数为972人，占比13.14%，存在潜在的心理问题；二类学生检出人数为1265人，占比17.10%，可能存在潜在的心理困扰，但外在表现并未突显；三类学生人数为5360人，占比72.48%，心理状态较为稳定。近三年来三类人员分布情况见表3-3。

表3-3 近三年来三类人员分布情况表

年级	第一类		第二类		第三类	
2021级	972人	12.79%	1265人	16.65%	5360人	70.55%
2020级	992人	13.58%	1260人	17.25%	5051人	69.16%
2019级	1034人	13.82%	1331人	17.79%	5118人	68.40%

3. 自杀意念自评量表（SIOSS）调查结果

该调查表应参加测试人数为7395人，SIOSS实测人数为7528人（有同学重复测量），总体有效测查率为100.00%。本学院自杀意念自评量表预警人数为364人，检出率为4.92%。近三年来自杀意念自评量表预警情况见表3-4。

表3-4 近三年来高自杀意念学生比较

年级	2021级	2020级	2019级
人数	364人	512人	528人
比例	4.92%	7.05%	7.07%

有自杀意念并不意味着会采取自杀行为，只有很小一部分人会采取行动。这需要我们及时对相关同学进行追踪访谈，以确定问题的严重程度，并及时采取相应措施。

4. 整体心理健康状况

综合 SCL－90、UPI、SIOSS 三个量表的统计结果：第一类学生 170 人，占比 2.30%；第二类学生 1141 人，占比 15.41%；第三类学生 6085 人，占比 82.29%。

第二节　高校心理危机干预工作的趋势

一、大学生心理危机工作的现状

我国高校心理健康教育历经 40 多年的发展，实现了从无到有的突破，并逐步探索和建立了适合我国大学生心理发展的运作机制。近年来，大学生自杀危机高发，引发政府和社会的广泛关注，各高校在教育主管部门的指导下，构建了较为完善的心理危机预防与干预工作体系。最为常见的是心理危机干预三级网络体系，即学校（校心理咨询中心、校医院等专业人员）—学院（学院学工队伍和其他兼职队伍）—学生（学生心理自助与助人）；在此基础上，一些高校更进一步构建四级网络或五级网络。在队伍建设方面，明确了每 4000 名学生配备 1 名专业心理老师，2017 年教育部《普通高等学校辅导员队伍建设规定》明确把“心理健康教育与咨询”和“校园危机事件应对”列为辅导员工作职责；此外，还有班主任队伍、班级心理委员、宿舍心理联络员等为代表的心理危机干预兼职队伍。

尽管各高校对心理危机干预工作高度重视，不少危机个案也得到及时有效的处理，但校园极端事件仍然时有发生。在对校园危机案例的回溯中，显露出的一些问题引发我们对目前危机工作机制的反思，具体如下：

（一）已纳入关注范围的高危群体（重点关注群体）的跟进和成长问题是工作重点

重点关注与动态跟进高危群体的心理状态是危机预防工作的重点，但实际的工作中存在一定的疏忽。虽然不少高校将辅导员、班主任、班级和宿舍干部纳入心理危机干预网络体系，并开展相关的教育培训工作，但毕竟这些队伍并非专职和专业队伍，难以做到全程、全面、全方位的跟进。特别是这些队伍本来就有非常繁重的工作和学习任务，所以难以对重点关注学生长期动态跟进。心理普查后，学院层面将更多精力放在对处于心理危机状态下的学生采取有效措施，对重点关注群体更多在做危机信号的收集和跟进工作，对这个群体心理素质的成长缺乏关注和探索，其心理状况容易因环境变化而进一步恶化。近年来，一些高校对心理高危学生也在探索制定“一生一策”干预帮扶方案，但囿于该群体数量大，学院专业帮扶力量不足，全面推进工作有一定的难度。

（二）隐匿性心理危机的发生是当前工作的难点

当前，当学生出现明显的异常行为时，学院会及时介入，与学校心理中心对接，及时干预或转介到专业的医疗机构；但表现得并不明显的异常心理和行为，则没能及时引起周围人群的关注，所以虽然一直采取干预措施，但最终危机还是发生了。通过对南方某省自杀危机案例进行研讨，我们发现自杀危机案例中有一部分同学并不属于重点关注人群，学校和学院对这些学生的心理健康状态没能详细掌握，一旦遭遇危机，则为时已晚。因此，对类似的隐匿性心理危机进行提前预防、及早发现、及时干预成为高校危机预防工作的难点。

（三）大数据技术与心理危机预警和干预的有效结合是工作的创新点

面对心理危机高发的现状，高校传统的心理危机预警模式远远滞后于学生心理状态的动态变化。目前，国内高校心理危机预警主要依赖新生线上心理测评、心理咨询和日常心理排查。由于大学生对心理测评缺乏深入的认识，在测评过程中，部分学生受到测评环境、他人以及个人因素等影响没有如实作答，从而影响测评的信度和效度；心理咨询和日常心理排查方式不具备动态监控功能，难以动态掌握学生的心理变化。传统的心理危机预警模式耗时耗力，效率较低，所得数据也以静态心理档案数据进行存储。但是，人的心理状态是动态变化的，隐藏的心理问题只有在特定环境下才可能诱发。为此，静态的心理状态数据严重滞后于学生心理的发展变化，影响了心理危机预警的时效性及准确性。大数据的出现，为高校心理危机预警提供了强大的技术支持。当代大学生是互联网时代的原住民，在日常的学习生活中产生大量碎片化数据，如果将这些数据加以整合与利用，发掘其内在的价值，发掘数据与个体心理行为之间的关联性，就有机会通过数据有效解读学生的心理状态，从而对当前高校心理心机预警工作产生积极的创新作用。

（四）干预目标定位与培养健康人格的长远目标不相符

目前高校逐步建立并完善心理危机干预体系。高校心理危机干预工作将更多时间和精力放在处理危机事件等方面，工作中多为消极被动应对，学工队伍和心理老师更像消防员，危机干预工作通常是“哪里失火先灭哪里”的反应性干预，这致使工作相对被动，降低了心理危机干预工作的有效性。而且在工作中，由于对心理疾病存在病耻感和恐惧感，一些学生出现心理问题或者心理危机时虽然忧心忡忡，但不敢也不愿意向心理中心和辅导员寻求帮助，所以许多危机事件难以提前发现，一旦发生，就可能会造成难以挽回的损失。

从心理危机干预体系来看，干预更多是停留在应急的层面，干预重点在于消除学生的危机症状、帮助恢复学生社会功能以及保障学生的安全和校园的稳定。学校、教师和学生以及家长等多个群体都对危机给学生带来的成长契机有所忽视，与危机干预工作的长远目标不相符。

（五）注重由外向内的传统单向心理危机干预模式与学生完善人格发展目标的不匹配

当前，高校心理危机干预工作习惯采取由外向内的单向干预，该模式假设危机当事人已无力承受危机事件，处于内心高度失衡状态，需要外界介入才能应对危机。这种模式基于心理病理学的角度去理解危机干预，在一定程度上可以实现消除或减缓因危机而引发的心理和生理上的创伤，帮助当事人恢复一定的社会适应功能，但会让危机当事人处于被动的状态，没有充分调动其个体的积极资源。

根据危机理论模型，个体自身因素在心理危机干预过程中发挥着重要的作用。在单向干预模式下，高校对个体应对危机的内在潜能缺乏挖掘，亟须新的干预模式——双向互动模式取而代之。这种新模式既重视向危机当事人提供及时有效的外界支持与帮助，又注重挖掘个体自身应对危机的内在潜能。当前，对危机当事人自身因素的研究相对较少，还有待进一步深入探究。

二、大学生心理危机干预的发展趋势

纵观大学生心理危机干预的现状，可见我国高校心理危机干预更多为被动、片面、消极的干预模式，亟须转换为一种主动、全面、积极的干预模式。如何实现大学生心理危机干预从消极干预向积极干预的转型、减缓个体危机持续时间、提升学生心理素质、促进大学生健康人格发展，全面提升高校心理危机干预能力意义重大。

（一）关口前移，实现心理危机干预从被动干预向主动干预转变

大学阶段是个体人生发展的关键期，同时也面临许多显性和隐形的压力，出现心理行为问题的可能性不断增大，如果及早发现、及时干预，便可能不会发展为心理危机。高校须高度重视大学生的身心成长，做好心理危机的预防和预警是保障校园安全稳定的重要前提。应通过关口前移，逐步实现大学生心理危机从被动干预向主动干预的有效转变。所谓主动干预，是在心理危机干预工作中勇于担当、积极作为的进取式干预，也是关口前置、重心前移的主动式干预。这种干预需要建立在对大学生心理行为数据充分掌握、深入分析和有效评估的基础上，整体科学地观察、深入分析和评估，明察秋毫，洞若观火。通过入学初的心理普查掌握学生心理健康状态，审阅成长报告了解学生成长经历，以及深入细致的个别

访谈、加强家校联系等多种方式，院校不仅能及时准确、全面有效掌握学生的心理健康状态和成长经历，也能在访谈和沟通中建立良好的师生关系。在此基础上，可有针对性地开展相应心理健康教育活动，把心理危机预防和预警工作做实做细。

（二）全面关注，实现心理危机从片面干预向全面干预转变

心理危机干预的片面性表现为关注人群的片面性和关注问题的片面性。对问题学生的重点跟进和及时干预是高校心理危机干预工作的焦点，特别是在新生心理普查中检出的重点关注学生，而大部分学生则悄然被排除在外。全校公共课《大学生心理健康教育》对广大学生发挥心理健康教育主渠道的作用，但是效果不显著。这个广大群体表面看似风平浪静，实则暗流涌动。例如，有的学生性格内向敏感，不善沟通，在入学时并不是需要关注的重点关注群体，但是，由于大学环境的变化、学习和人际的不适应，他们遇到困难后不善于寻求帮助，长期积压在内心，极易导致心理问题。而被重点关注的那部分学生中，其凸显出的心理问题被抽丝剥茧般凝视，却缺乏把心理问题同其他问题联系起来分析和应对，形成贯穿学生学习生活全过程的精准而持续的“滴灌”，从而难以满足其心理发展的需求。心理危机的全面干预应该是面向全体学生、面向学生全面发展的干预，应该自觉地由片面干预转变为全面干预。

（三）心理自助，实现心理危机从消极干预向积极干预转变

早期的心理危机干预理论习惯于从心理病理学理论上去理解危机，危机干预可以消除或减缓因危机而引发的心理创伤，帮助当事人恢复社会适应功能，但在实际工作中容易忽略了危机对于个体心理成长的积极作用。高校大学生心理危机干预也习惯于注重短期目标的实现，把消除症状作为危机干预的重要目标，忽略了长远目标，即促进人格成长和完善。积极心理学推动了我国大学生心理危机干预目标的变化，人们逐渐意识到，心理危机可能不仅仅是洪水猛兽一般的存在，还可能会对个体的心理成长有促进作用。以心理病理学为理论基础的传统大学生心理危机干预正在转向以人本主义心理学和积极心理学为理论基础的发展教育干预模式。基于这种转变，研究者朱美燕提出：“心理危机干预是一个塑造人、发展人、完善人、创造人和生成人的过程。通过心理援助，实现当事人心理自助，是危机干预的最终目标。”

第三节 实践操作

一、自我探索

挖掘自己的积极心理品质。研究发现，我国大学生积极心理品质由 6 大维度共 20 种品质组成。

维度	品质
认知	热爱学习、创造力、思维力、好奇心
情感	社交智慧、感受爱、爱与友善
人际	热情、真诚、勇敢坚持
公正	领导能力、正直公平、团队精神
超越	希望与信念、幽默风趣、心灵触动
节制	谦虚、宽容、自制、审慎

参考以上 20 种大学生积极心理品质，根据自身的情况，请写出 5 个你的生活经历或事件来说明你所拥有的积极心理品质。

项目 1：________________________________

说明：________________________________

项目 2：________________________________

说明：________________________________

项目 3：________________________________

说明：________________________________

项目 4：________________________________

说明：________________________________

项目 5：________________________________

说明：________________________________

二、思考与分享

个人成长分析

1. 结合你的成长经历，分析高峰和低谷分别在哪里。
2. 在什么时候，你开始觉得自己是成年人了？
3. 请写出你自己最好的五种品质。
4. 在你人生中，有哪五个方面是需要增强的？
5. 你的人生观是什么？
6. 近一个月来，你大部分时间的心情是怎样的？
7. 一般情况下，你怎样看待周围的其他人？
8. 你的文化背景、道德标准、性别和性取向、宗教信仰对你的人生有什么影响？
9. 请运用大五人格量表测试你的人格类型。
10. 你心目中的英雄是谁？
11. 你认为成熟的标准是什么？
12. 你的奋斗目标有哪些？
13. 在成长过程中，什么人或什么事影响过你的人生发展？
14. 你最好的朋友是怎样评价你的？
15. 别人对你的批评意见集中在什么方面？
16. 如果用三个形容词对你进行描述，你会选哪三个？

三、案例分析

小欣，女，性格敏感、内向害羞。大一刚入学时，她与宿舍同学不太熟悉，但尚能和睦相处。后来，她发现自己在宿舍中越来越不受欢迎，感觉被其他同学孤立排挤。这导致小欣心情十分压抑，情绪低落，入睡困难，经常独来独往，学习效率明显下降，学业受到严重影响。因此，小欣不想继续在学校读书，想要马上离开学校环境。

1. 请根据案例提供的信息，分析小欣当下的状态（生理、情绪、认知、行为）。

生理：____

情绪：____

认知：____

行为：____

2. 假如你是班级心理委员，你会怎么做？

第四章　大学生重点关注群体心理资本团体心理辅导干预

名人名言

一个人总是有些拂逆的遭遇才好，不然是会不知不觉地消沉下去的，人只怕自己倒，别人骂不倒。

——郭沫若

案例导读

走出抑郁的沼泽地

案例描述

来自粤北山区的小泳是某重点大学大一新生，她皮肤有点黑，瘦小的身材显得有些单薄。母亲残疾，并在她高一时病逝，家里的经济来源主要是父亲外出务工，家里还有一个比她小三岁的妹妹在读高中。来到大学，小泳感觉很不适应，听说工科学习压力大，她很担心自己考试不及格；因为家里经济条件差，她对电脑软件很不熟悉，非常担心自己会因为挂科太多被退学。她知道自己既不会唱歌也不会跳舞，没有任何才艺和特长，相较之下的平凡使小泳内心非常自卑。

小泳向学院申请了勤工助学，但内心非常害怕自己不能胜任工作，一直到现在还没有去上岗。对于未来就业，小泳更是没有信心，她非常担心自己找不到好工作，对前途感到一片茫然。想到一辈子辛苦工作的爸爸，想到周围好心人对自己的帮助，而自己到现在也没有任何能力可以回报他们，小泳感到非常自责和惭愧，甚至觉得自己或者没有任何的价值和意义。

近期，小泳感觉身体非常沉重和疲惫，做什么事情都提不起精神，甚至连饭都懒得吃，话也不想说，晚上睡眠也不是很好，经常躺在床上辗转反侧，难以入睡，情绪低落，经常不由自主地掉眼泪，感到活着没有什么意思。白天上课时，她注意力很难集中，感觉脑袋卡壳，记不起东西，觉得自己的反应速度变得特别慢。走在校园里，她会用耳机堵住耳朵，听着流行歌，体验其中的悲伤，感觉歌词就是自己内心的写照。心情特别难受的时候，她会站在宿舍的顶楼，静静地一个人待着，但又害怕自己控制不住，会跳下去。她不想就此结束自己的生命，她不想让父亲和妹妹为自己难过。

一天清晨，小泳早早醒来，想起入学时学校发了一本心理保健手册，翻开一看，感觉自己的症状和抑郁症的介绍很相似。她又上网去查看，感觉还是很符合抑郁症的诊断标准。“难道我得了抑郁症”，小泳的内心惴惴不安，充满恐惧。

怀着忐忑不安的心情，她来到学校的心理中心，心理老师告诉她：“抑郁症就像是心灵感冒了，很多人都有过类似的经历，并不可怕。只要咱们积极面对，通过心理咨询、药物治疗和体育锻炼，是完全能够好转的。”老师跟她讲央视著名主持人崔永元得抑郁症的故事。小泳黯淡的内心宛如射进一丝阳光，心想：“我才大一，我一定要好好治疗，走出抑郁。”

接下来，小泳行动起来了——西医药物治疗、心理咨询、与消极思维作斗争、坚持校园跑、主动跟朋友联系……在第五次咨询时，小泳对心理老师说：“刚开始校园跑时，我感觉好累好累，但都逼着自己坚持下去，后来跑着跑着，突然觉得整个人都轻松了，很舒服的感觉。”

经过2个月的治疗与调整，小泳的情绪有了很大好转，入睡困难状态慢慢消失了，学习、生活、人际关系各方面都很顺利，而且因为坚持跑步，小泳还成为学校跑步协会的一名工作人员。忧郁、沮丧、痛苦、压抑、消沉、萎靡不振、无精打采……都是她在抑郁状态下，难以言说的亲身感受。但是在不懈的努力以及周围人的帮助下，她慢慢地走了出来，或许这段经历也会是小泳的一笔人生财富。

思考讨论

1. 从上述案例中，你发现小泳身上有哪些抑郁症的表现和症状？
2. 假如你身边有患抑郁症的朋友，你该怎样帮助他们？

案例分析

抑郁症是大学生最为常见的一种精神障碍，重度抑郁发作还会导致患者自杀。案例中的小泳，由于受到抑郁情绪的困扰，在生理、情绪、认知和行为方面都出现一系列症状，但是她主动寻求帮助，勇敢地面对问题，最终走出了抑郁的沼泽地。

1. 小泳患的是典型抑郁症，其生理症状表现为入睡困难，感觉疲劳，精力减退，食欲有所减退；情绪表现为情绪非常低落；行为表现为对日常活动缺乏兴趣，不主动与人交往；认知表现为无价值感，自卑，注意力难以长时间集中。

2. 引起小泳心理抑郁的原因从根本上讲与其自我认知偏差有密切关系。具体而言，从家庭来看，经济条件差、母亲残疾、家里缺乏沟通交流。童年时的生活经历，对一个人的人格形成起到很大作用。如果在儿童时期，家长能给予得当的抚育，孩子毕生的心理健康将打下良好的基础。反之，如果童年时的正当需求得不到满足，孩子就会形成内向、敏感、孤僻等性格。从综合素质来看，小泳相貌普通，身材瘦小，而且没有兴趣、爱好和特长，总担忧别人看不起自己。小泳无法接纳自己的家庭、自我形象和能力，才会出现当前的症状。过低的自我评价，让她甚至不敢尝试一份已经通过了面试的实践。自我价值感缺乏，对自己的前途没有任何信心，自卑的人总是先入为主地感到“我不行”，形成一种消极的心理定式，可能会因为缺乏信心而难以去面对需要改变的困难。因此，自我接纳和建立自信很有必要的。

回顾小泳的经历，我们可以看到她身上的积极和韧性，一是小泳不轻言放弃，主动寻求帮助。通过查询信息，对自己的症状有一个大概的了解，主动走进心理中心，寻求专业的心理帮助。二是勇敢面对自己的心理问题，通过药物治疗、心理帮助和坚持运动，最终走出困境。

第一节　心理资本研究

伴随着积极心理学运动的兴起，心理资本是继经济资本、人力资本、社会资本之后的第四大资本，是个体可持续发展的原动力，蕴含个体的内在积极心理力量，对提高大学生的综合素质、促进大学生全面发展具有重要意义。重视大学生心理资本的培育和开发，可为个体成长和发展提供保障，将心理资本融入心理危机干预将是当前我国心理危机干预的新趋势。

一、心理资本与大学生心理资本

（一）心理资本的概念

美国经济学家戈德史密斯于 1997 年提出心理资本的概念，认为心理资本是能够影响个体生产效率的心理特征，是个人生产力的决定因素。积极心理学之父、美国心理学家塞里格曼（2002）在其著作《真实的幸福》中再次阐释了“心理资本”的概念，指出心理资本包含某些心理因素，这些心理因素能引发个体产生积极的行为。

美国管理学家路桑斯等人（2007）对心理资本作了更详细描述，认为心理资本是个体普遍具有的积极的核心心理因素，可通过自我效能、希望、乐观和韧性四个维度进行测量、开发，它超出人力资本和社会资本，可使个体获得持续的竞争优势。

十多年后，路桑斯等出版了《心理资本》（第二版），其未改变心理资本的四个核心要素，仅仅把自我效能简化为效能，指人们在需要时相信自己有能力采取有效的行动达成所期望的结果，并再次强调心理资本是综合的、整体的心理力量，而非四个维度的简单相加，还指出心理资本是动态发展的，可以通过后天进行开发和培养。

目前，学者对心理资本的内涵理解莫衷一是，归纳起来有以下三种：

第一，特质论。该观点强调心理资本是个体内在稳定的心理特质，代表人物有美国心理学家霍森、科尔和澳大利亚学者莱彻等。霍森（2003）提出，心理资本是通过学习形成的持久稳定的心理结构，其中包括个性品质和倾向、认知能力等特质；而莱彻（2004）甚至认为心理资本与大五人格理论中的“大五人格”等同。

第二，状态论。强调心理资本是一种心理状态，具有动态性和可开发性。目前，美国学者戈德史密斯、路桑斯等人持有这种观点。例如，美国经济学家戈德史密斯（1997）提出，心理资本是个体对工作、伦理、自我人生信念、态度和认知的综合，并能影响个体生产效率的一些个性特征。路桑斯（2005）指出，心理资本是由多因素综合组成的一种积极心理状态。

第三，综合论。在特质论和状态论的研究基础上，美国管理学家路桑斯等人发现心理状态与心理特质实际上是同一维度上的两端，而心理资本应取之其中。心理资本既具有类状态性，可以通过干预措施进行有效提升，又相对稳定，具备特质的特性。

随着国外对于心理资本研究的不断深入，心理资本的本土化研究也逐渐发展起来。我国学者叶红春（2004）首先将这一概念引入国内，指出心理资本的四个组成结构，即信心、希望、乐观和恢复力；肖雯和李林英（2010）将大学生心理资本定义为大学生积极能力的综合，可测量和开发，能够帮助个体实现自身的成长；柯江林等（2009）认为心理资本是一种符合积极组织行为学（POB）标准的类状态积极心理能力；吴伟炯等（2012）认为，心理资本是一种综合的积极心理素质，是一种可以通过特定方式获得的能力。

根据以往研究者给出的心理资本的定义，我们发现研究的视角不同，对心理资本的解释也有所差异。但是，这些定义都强调了心理资本是一种积极的心理状态，并且可以被测量和开发，对个体的发展有重要的作用。

（二）大学生心理资本的内涵

对心理资本的研究最早出现在管理领域，之后扩展到教育领域。近年来，对大学生心理资本的研究逐步升温，我国学者肖雯等（2011）对北京三所高校大学生心理资本的现状进行测量，并探讨人口学变量对心理资本的影响；蒋苏芹（2011）定义了大学生心理资本的概念，认为其能够导致个体积极行为，且具备可开发性、可测性以及相对稳定性；柯江林等（2016）认为，大学生心理资本是指处在人生转型期的大学生个体在为人处世过程中所拥有的可测量、可开发和对学业绩效有促进作用的积极心理能力。

大学生心理资本具有心理特质的属性，也有心理状态的属性，是一种类状态的心理能力，可以通过学生个体、学校和家庭等内外力量得以提升，大学期间是开发大学生心理资本的重要机遇期。我国学者张阔、李林英、柯江林等不少学者都编制问卷探索大学生心理资本的结构和现状，通过开发大学生的心理资本，来帮助大学生清楚地认识自我，肯定自我，不断提升为人处世的能力和应对挫折与困难的水平，改善自己的处境，在实现个人价值的同时实现社会价值。可以说，大学生心理资本研究创新和拓展了原来的心理资本研究成果。

二、心理资本的结构与测量

（一）心理资本的结构

目前，国内外关于心理资本结构的研究处在探讨阶段，对其构成维度没有形成统一定论。下面，将对二维说、三维说、四维说和多维说进行阐述。

二维说起源于美国经济学家戈德史密斯、美国管理学家路桑斯等人（1997）的心理资本研究，二维结构包括控制点与自尊。控制点包括内控与外控两个方向；自尊则包括善良、健康、价值观、社会能力等方面。我国学者柯江林等人（2009）的研究也提出事务型和人际型两个维度的心理资本结构。

三维说认为心理资本由希望、乐观和韧性三个维度构成，美国管理学家路桑斯与詹森在其研究中也认同该观点。路桑斯（2004）的研究验证了心理资本包含希望、乐观和韧性三个维度；我国学者仲理峰（2007）对中国员工心理资本的研究也再次验证了三维观点结构论的正确性。

四维说认为，心理资本包含四个维度。美国管理学家路桑斯等（2005）提出，自我效能、希望、乐观、韧性是心理资本的结构。我国学者蒋建武（2007）、田喜洲（2008、2009）和张阔（2010）等人的实证研究也得出大致相同的结论。目前，国内外认同度最高的是路桑斯等的提法。

多维说认为心理资本的构成要素在四个以上。例如，莱彻（2004）认为心理资本就是个体的人格特质，并将心理资本要素与“大五人格”等同。我国学者肖雯和李林英（2010）通过对大学生进行调查，也提出了心理资本的五维度说，即自我效能、乐观、韧性、感恩和兴趣。曹鸣岐（2006）和冯江平等人（2008）的研究还提出了心理资本的六维结构论。

从以上关于心理资本结构的不同观点可以看出，心理资本作为一个新的研究领域，不同研究者的视角存在很大的差异。目前国内外学者多认同心理资本结构是自信、希望、乐观和韧性等四个维度。

（二）心理资本的测量

1. 戈德史密斯、路桑斯等人的心理资本量表

戈德史密斯、路桑斯等人（1997）的心理资本量表由对已有心理问卷进行拆解和组合而形成。基于他们对个体心理资本的两因素论，在测量时，他们将美国学者罗森伯格的自尊量表（SES 量表）和美国学者罗特的内在—外在心理控制源量表（I－E 量表）进行拆解及组合，形成心理资本量表，但由于缺乏对组合后的心理资本量表进行相关的信度、效度分析，该量表没有得到研究者的接纳和认可，但组合问卷进行测量的思想被后续研究者认同。

2. 路桑斯等人的积极心理状态量表

路桑斯等人（2005）推过推论，提出心理资本的三维说，包含希望、乐观和韧性三个维度。对这三个维度的测量问卷进行组合，就形成了积极心理状态量表。研究者对该量表进行了信效度检验，并作为研究企业员工心理资本状态的有效测量工具。我国学者仲理峰（2007）对此量表进行了中文版的修订，该量表有较好的信度和效度。

3. 路桑斯等人的心理资本问卷（PCQ－24）

在对早期心理资本定义加以修订的基础上，路桑斯等人（2007）从已有的成熟问卷中挑选题目组成新的量表，形成 24 个项目的心理资本问卷，该量表具有良好的信度、效度。温磊等人（2009）对 PCQ－24 进行了中文版的修订，中文修订版在信度、效度等方面均达到心理测量的要求。

4. 张阔等人的积极心理资本问卷（PPQ）

张阔等人（2010）修订了积极心理资本问卷（PPQ）初测卷。通过对 181 名在校大学生的测试结果进行分析，最终形成包含自我效能、希望、乐观和韧性 4 个因子共计 26 个项目的正式问卷，该量表具有良好的信度和效度。

三、心理资本的相关研究

（一）人口学变量对心理资本的影响

有研究者发现，大学生心理资本整体水平较高，而且会受到性别的影响。梁永锋等（2016）发现大学生心理资本水平较高，希望和乐观两个维度上存在显著性别差异，女生的得分显著高于男生。我国学者李杨（2020）发现，大学生心理资本在生源地、是否为独生子女、学科背景等方面不存在差异，在性别、年龄、学校以及是否担任学生干部和参加社团活动方面存在显著差异。男大学生的事务型心理资本显著高于女大学生；大二学生的心理资本最高，显著高于大四和大一

学生。罗增让（2019）研究表明，男生的自我效能感显著高于女生，但其他维度没有显著差异。

是否加入过社团，或者担任过学生干部，也会对大学生的心理资本产生影响。郑一鸣等（2018）研究指出担任过学生干部的大学生心理资本更高。黄紫薇等（2020）的研究也得出了相同的结论，发现加入过社团或担任过学生干部的大学生的心理资本以及各个维度显著高于没有加入过社团或担任过学生干部的大学生。

在心理资本总体和某些维度上的研究发现，独生子女的得分显著高于非独生子女。讥朝晖（2016）发现，独生子女在自我效能维度显著高于非独生子女。罗增让（2019）的研究指出，独生子女的希望维度显著高于非独生子女。詹启生等（2019）发现，心理资本自我效能维度和总分在是否独生子女的维度上存在显著差异，独生子女得分更高。

家庭收入也会对心理资本造成影响。鞠蕾（2016）发现，家庭收入水平越高，大学生心理资本越高。收入水平高的家庭能够在孩子的身心教育上投入更大的资本，孩子有更多机会扩展见识，因而更乐观自信。父母受教育水平越高，大学生心理资本水平越高，这是由于高受教育水平的父母，会更关注孩子的教育，孩子的素质、心态等都会较好。

心理资本在年级上也存在着一定差异。龚慧（2018）研究发现，大一学生的希望维度显著高于其他年级的大学生。学科对于大学生心理资本也有显著影响。工科生的心理资本总分显著高于文科生，文科和理科、理科和工科之间则不存在显著差异。詹启生等（2019）发现心理资本的韧性和希望两个维度在年级分布上存在显著差异。

综上所述，大学生的心理资本会受到很多人口学变量的影响，如性别、专业、是否为独生子女、家庭情况、是不是学生干部等。在探讨心理资本的性别差异上，研究者们得出的结论有些不同，一些研究表明男生的心理资本更高，也有研究者认为女生的心理资本更高；独生子女大学生的心理资本要显著高于非独生子女；家庭情况更好的大学生心理资本更高；担任过学生干部的大学生心理资本更高；工科大学生的心理资本显著高于文科大学生。

（二）心理资本与其他心理变量的关系

早期研究者对心理资本的研究多聚焦于阐释心理资本的概念以及探索其与心理健康的关系。研究证实，大学生心理资本和心理健康之间呈显著正相关（潘清泉、周宗奎，2009；李东阳，2012）。近几年来，研究者们逐渐发现，大学生心理资本还与主观幸福感、自杀意念、学习倦怠、课堂疏离感以及自我同一性等存在显著相关。

我国学者刘罗等（2020）以地方本科院校大学生为被试进行研究，发现心理资本可以显著负向预测学习倦怠。宋英杰（2020）发现，提高大学生的心理资本可以降低他们的自杀意念。赵建华（2019）研究发现，大学生心理资本和主观幸福感存在正相关，心理资本分数越高，主观幸福感就越强。林井萍等（2018）探讨大学生的心理资本与压力、抑郁、自我同一性、主观幸福感之间的调节效应，研究表明，大学生的心理资本与自我同一性、人际压力和抑郁呈显著负相关，与主观幸福感呈显著正相关，心理资本在人际压力与抑郁、自我同一性之间存在负向调节效应。何友天（2017）研究大学生积极心理资本和课堂疏离感的关系，指出心理资本和课堂疏离感之间呈显著负相关。

由此可见，心理资本与多种心理健康相关变量都有着十分密切的联系，开发心理资本对大学生的心理发展有着十分重要的作用。

（三）心理资本在职业生涯中发挥的作用

除此之外，心理资本还与大学生的整个职业生涯都有着密不可分的联系，包括择业观念、创业意愿、职业决策自我效能感、就业压力、求职行为、创业绩效、创业自我效能感等。

王冰等（2020）以女大学生为研究对象，发现心理资本和它的四个维度均与择业观念呈显著正相关，而且心理资本对择业观念具有预测作用。魏国江（2020）研究发现，心理资本能够直接影响大学生创业意愿，也可以通过作用于人力资本、经济资本和社会资本来间接影响大学生创业。王聪（2019）的研究指出，大学生心理资本对求职行为与就业绩效发挥正向影响。罗增让等（2019）研究发现，大学生的心理资本与创业自我效能感和创业绩效均呈显著正相关。郑一鸣等（2018）探讨大学生心理资本对职业价值观的影响，发现大学生心理资本和职业价值观之间存在显著的正相关，而且心理资本中的乐观、随和以及自强三个维度对职业价值观具有预测作用。此外，大学生心理资本还会显著影响就业能力。

大学生心理资本是能够促进大学生成长的内在积极心理力量，对促进心理健康、提升就业竞争力、挖掘个体潜能具有重要意义，在心理健康教育中，应将心理韧性作为对其心理危机预警和干预的新途径和新策略。

第二节　团体心理辅导的理论基础

一、团体心理辅导

（一）团体心理辅导

辅导（counseling）有建议、劝告等多种含义。在我国，辅导主要有三种翻译：咨询、辅导或咨商。但三者在内涵上没有分歧，都是指由受过专门训练的辅导者运用心理学的理论和技术给成员以帮助、启发和教育，使成员改变其认知、情感和态度，解决其生活、学习、工作等方面的问题，促进来访者人格的发展和社会适应能力的改善。

团体心理辅导是从英文 group counseling 翻译而来的。group 翻译为小组、团体、集体，counseling 较多翻译为咨询、辅导。目前，我国心理辅导界出现的团体咨询、集体咨询、小组辅导、团体心理辅导等多种概念，其含义基本相同。

我国著名心理学家樊富民（1996）把团体心理辅导界定为在团体情境中提供心理帮助的一种形式，它以团体为载体，让参加成员相互交往，通过一定的活动形式与人际互动，相互启发、引导、支持、鼓励，令成员在互动体验中学习成长，并且改进其观念、态度和行为方式。它以团体活动为载体，以团体关系为动力，以促进个人成长为目标。团体心理辅导强调认知和知识层面的功能，主张用间接的方法来改变人的思想或行为。

徐西森（2003）认为，团体心理辅导是应用团体动力学设计团体活动、课程、内容，以预防及处理个体在各发展阶段所面临的问题。团体心理辅导运用团体动力学的知识和技能，由受过专业训练的团体带领者使用专业的技巧和方法，协助团体成员在团体的情境下，借助团体的力量和各种心理辅导技术，通过团体内的人际互动，促使团体成员自知并自助进行观察、学习、体验、讨论，从而达到消除症状、改善认知、调节情绪、改变行为、培养健康人格的目的。团体心理辅导的方式给团体中的每一位成员都提供了尝试新的行为的机会。

综上所述，我们发现，团体心理辅导重视团体动力的作用，许多人能够在参与团体心理辅导过程中获得成长，学会更多解决问题的方法。不过，滥用、误用或者盗用团体心理辅导，不仅会使团体成员受到伤害，学习错误的行为，加深其自卑感和挫败感，而且会破坏团体心理辅导的专业信誉。因此，从事团体心理辅导的带领者必须不断补充团体心理辅导的专业知识，掌握团体训练的技巧，了解团体发展的过程，这样才能组织和实施有效的团体活动，协助成员真正地解决问题，促进身心发展和社会适应。

（二）团体心理辅导的特点

与个体心理辅导相比，团体心理辅导能有效克服耗时多、受众面窄、解决问题单一等难题，具有趣味性、实践性、高效性、易迁移性和普及性等特点。

1. 趣味性

在团体心理辅导中，一般开展以趣味性为主要特征的各种活动，学生更愿意参与其中，减少了他们对学校和家长“要教育我”的抵触情绪，也减少了在学习和生活中遇到真实问题时所产生的压力，使他们更自然地展示自己的特长，发挥自己的能力，享受活动体验。

2. 实践性和高效性

团体心理辅导活动工具丰富，便于开展室内外活动，指导较为详细具体，带领者可以同时与多个成员进行互动，这大大节约了心理辅导老师的时间与精力，提升了团体心理辅导活动的效率和有效性，同时在一定程度上解决了心理教师师资队伍不足的问题。团体中的每个成员既是求助者又是助人者，可在有指引的相互影响中多视角地学习。团体心理辅导有理论、有实践、有体验、有分享，可以获得多重反馈，从而使团体成员产生心理与行为的改变。

3. 易迁移性

团体心理辅导的效果一般持续较久，容易迁移。团体心理辅导积极为团体成员创造类似真实的情境，搭建交流的平台。成员在团体中的言行一般是他们日常生活行为的复制，在相对安全、融洽的团体氛围下，通过模仿、训练和示范等方法，团体心理辅导能够使成员愿意尝试练习一些新技巧和行为，促进其在团体中有所改变，而这种改变也会随之迁移到现实生活中来。

4. 普及性

高校大学生心理健康教育的重要使命之一是使学生拥有健全的人格、良好的心理品质、丰富的内心世界、充实的精神生活，深入挖掘、发挥学生的潜能，实现正确的人生价值。从整体上看，有部分学生容易在心理和行为上表现出一些问题，这些问题中的大部分是他们成长过程中出现的发展性问题，如由学习能力引起的学习困难、由挫折承受力而导致的情绪易波动等问题。团体心理辅导适用面广，既适用于拥有共同心理问题的、成员数量相对少的小组，又适用于拥有几十人的大型发展性心理问题群体。团体心理辅导不仅可以清除心理障碍，而且可以帮助学生适应环境，促进社会交往和自我提升，从而发展健康人格，促进身心健康。团体心理辅导还可以全面提高学生的心理健康水平。随着高校中对团体心理辅导认识和操作的规范化和合理化，团体心理辅导越来越普及并得到深入发展。

（三）团体心理辅导的功能与作用

香港中文大学教育学院心理辅导学教授林孟平（1993）把团体心理辅导的独特作用概括为以下九个方面：一是团体心理辅导可以节约大量的时间和精力，是一种有效率的辅导方式；二是在团体心理辅导中，成员可以获得和别人一样的体验，这种体验对于团体成员有帮助；三是在团体中，成员可以获得多样化的资源和观点；四是团体成员彼此认同，能获得被接纳的归属感；五是团体为成员提供一个安全的练习场所；六是成员为成团体提供了可以接受反馈的机会；七是团体中的间接学习对团体成员的成长有帮助；八是团体心理辅导更好地复制了真实生活；九是在团体中成员面对许多人的承诺，会加强行为改变的动机。

我国学者刘春艳等（2002）也通过实证研究证明了团体心理辅导的作用。他们发现，团体心理辅导不仅使团体成员的自我概念水平有了显著的提高，焦虑水平降低，情绪问题减少，学习情况有所改善，还提高了团体成员的自尊水平和自我接纳程度，降低了自我概念的僵化程度，增加了灵活性，增强了自我和谐程度。在现实生活中，团体心理辅导因其所拥有的功能和作用，在很多领域得到了广泛的应用。简而言之，团体心理辅导具有教育、发展、预防和治疗四个方面的功能，它们相互联系、相互促进，共同发挥着积极作用。

1. 教育功能

团体心理辅导是借助团体成员之间的互动，促进自我探索、自我了解、自我抉择、自我发展，进而达到自我实现和促进心理健康的学习过程。团体心理辅导重点强调成员的主动学习、自我评价及自我改善，在一定程度上有利于成员的自我教育，同时对培养学生的社会性有很大的积极作用。通过团体互动，团体成员可以学习如何交往、如何看待问题、分析问题并最终解决问题等，成员间相互交流信息、分享经验、相互模仿、现实检验，在一定意义上获得了教育的效果。

2. 发展功能

团体心理辅导特别强调发展的模式，所设计的活动不仅可以改善成员不成熟的偏差态度和行为，而且有利于良好心理的发展和健全人格的培养。团体心理辅导能够启发和引导学生促进对自我的了解，调节不良人际关系，形成乐观积极的心态，对未来充满信心和希望，科学规划自己的人生。

3. 预防功能

团体心理辅导是预防心理问题产生的科学途径，它为成员提供了一个相互交流和学习的平台。成员借助团体心理辅导可以清楚地认识自己，辨别什么是适应行为和不适应行为，科学地界定什么是心理问题，而不是随意地给自己或他人贴标签。团体成员在活动中彼此交换意见，互吐心声，探讨可能会遇到的困惑及解决策略，在一定程度上提高了解决问题的能力，降低了心理问题产生的概率。同时团体心理辅导帮助成员建立起积极的行为方式，使其在团体中处理情绪困扰和行为问题能收到良好的成效。

4. 治疗功能

团体活动的情境一般比较接近现实生活状况，用团体的方式来处理学生的情绪困扰和心理偏差行为问题，会收到较好的效果。众多研究表明，团体心理辅导在改善大学生人际关系、发展大学生潜能素质、解决心理问题等多方面具有重要作用。团体心理辅导有助于减轻问题的严重性，改善偏差行为，现已成为高校改善大学生心理状况的重要教育形式。

（四）团体心理辅导的目标

团体心理辅导不是简单的、无目标的辅导活动，而是一种有计划、有目标的辅导，为了达到预期效果，其必须制定明确的目标。团体带领者必须十分清晰地了解团体心理辅导的目标，这是开展团体心理辅导的基础，目标在一定程度上影响着团体的种类、规模、次数等，同时对带领者带领团体的方式和信心产生影响。因此，团体心理辅导的目标为团体心理辅导开展指明了方向，起到了导向、维持、聚焦和评估作用。

一般而言，团体心理辅导的目标分为三种，即一般目标、特殊目标和过程目标。

1. 一般目标

一般目标主要包括以下四个方面内容：

①帮助团体成员认识自己、分析自己、了解自己，进而接纳自己。

②助力成员在相互交流中不断学习和掌握人际交往的技巧和能力。

③培养成员的归属感和责任感，不断增强其独立处理问题的能力。

④协助成员不断地进行自我评估和调整，确认自己的人生价值观和发展方向，并将其灵活运用到生活中来。

2. 特殊目标

特殊目标指每一次团体心理辅导所要达到的专门的目标，例如压力管理训练团体的特殊目标是缓解压力，掌握压力管理的技巧；人际关系训练团体的特殊目标是学习技巧，不断改善人际关系。

3. 过程目标

团体心理辅导是一个持续发展的过程，往往需要经历若干阶段，且每一个阶段会有不同的目标，如团体初次组建到彼此信任、探索、分享，最终达到问题的解决等，见表4－1。

表4－1　团体心理辅导各阶段目标

序号	团体心理辅导阶段	目标
1	初级阶段	使成员尽快熟悉起来，建立信任感，制定团体契约，强化团体规范，强调保密原则及保密的重要性，鼓励成员积极交流，减少防御心理。
2	中级阶段	加强团队合作，提升团体凝聚力，激发成员积极互动，通过团体努力寻求解决问题的方法，并对成员的投入程度进行评估。

（续上表）

序号	团体心理辅导阶段	目标
3	结束阶段	回顾与总结经验，评价成员个人成长并提出期望，分享个人感受，评估团体心理辅导的效果，显示团体中没有解决的问题，鼓励成员把在团体中学到的东西灵活运用到现实生活中来，同时对团体心理辅导结束后的跟踪调查进行规划。

二、团体心理辅导的理论基础

一般来说，团体心理辅导设计的心理理论基础有团体动力学理论、社会学习理论、人际沟通理论、相互作用分析理论等。

（一）团体动力学理论

20 世纪 30 年代，德裔美国心理学家勒温首次提出“团体动力学”概念，强调团体动力是维系团体功能的一种力量或方式。团体动力学重在探索团体发展的规律，也称为群体动力学，主要研究团体的形成与发展、团体与个体的关系、团体行为、团体间的冲突、团体的内在动力、团体的领导作用等。团体动力学的研究成果对团体心理辅导的发展有着极为重要的作用。

勒温的场论是团体动力学的理论基础，主要是借助物理学中“场”的概念来阐述心理活动的理论，这种场的理论的主要目的是预测个体的动机和行为。他把团体想象成一个空间，一个生命的空间，团体就如同一个心理场，此心理场由一些力量或者变量组成，它们也是影响团体内成员行为的重要变量。他认为人的心理和行为是一种在心理场或者生活空间里发生的现象，人的行为（B）取决于个人（P）和他周围环境（E）的相互作用，可用函数 $B=f(PF)$ 来表示，B 是行为，P 是个体，E 是环境，这里的环境主要指心理环境。场论重在研究个人与心理场之间的相互作用，带有一定的辩证因素，反对过分强调环境和内部因素的心理学倾向。

团体动力学认为，变化是从非变化开始的，团体是一个动力整体，任何一点变化都会对其他部分有所影响。团体决策是团体动机与行为之间的中介，是团体促使个体发生变化的动力。1953 年，由美国学者赞德和卡特莱特共同主编的《团体动力学：理论与研究》一书出版，初步形成了团体动力学的框架，认为团体动力学主要包含团体内聚力、团体的结构性、领导方式与团体生产力、团体目标与团体成员动机和团体成员的相互影响力五个方面的内容。

团体内聚力是团体动力学的重要概念，也称为团体凝聚力，它类似于个体咨询中的咨访关系。研究表明，积极的咨访关系是咨询取得良好效果的重要原因，此规律也适用于团体心理辅导。团体心理辅导过程中的相互关系密切影响着辅导效果。团体中的这些关系（成员与团体带领者的关系、与其他成员的关系、与整个团体的关系等）都被称为“团体凝聚力”。我们认为，团体凝聚力是使团体成员留在团体中的所有力量的总和，是一个团体对其成员的吸引力。他们在团体中感到舒心、温暖、有归属感，因此会重视团体，并感到自身的价值被其他成员无条件地接受与支持。团体凝聚力不仅本身是一种强有力的力量，而且是其他疗效因子良好运转的必要条件。凝聚力强的团体，成员脱落的情况较少，稳定性较好，会表现出较高的出勤率。凝聚力有助于自我暴露以及在团体中建设性地表达冲突，从而促使团体心理辅导获得成功。

团体动力学不仅为团体心理辅导提供理论基础，而且为团体心理辅导过程中团体氛围的创设、带领者作用的发挥等提供重要的研究成果借鉴。团体动力学的一些研究，如敏感性训练等，直接成为团体心理辅导的方法、技术，广泛应用于教育、管理、医疗等领域。

（二）社会学习理论

社会学习理论兴起于20世纪60年代，起源于行为主义，它试图通过学习机制来解释人们社会行为的形成和变化。1977年，美国著名心理学家班杜拉出版了《社会学习心理学》一书，该书系统阐述了社会学习理论的基本观点，提出以认知为基础的观察学习，是社会学习理论及其研究成果的一部总结性著作。班杜拉强调，要把依靠直接经验的学习和依靠间接经验的学习（观察学习）综合起来，以说明人类的学习；强调人的思想、情感和行为不仅受到直接经验的影响，也受到间接经验的影响；强调行为与环境的交互作用；强调认知过程的重要性；强调观察学习；强调自我调节过程。社会学习理论的研究成果为团体心理辅导中改变成员的不适应行为提供了方法。

社会学习理论认为学习的过程有三种机制，即联想、强化与模仿，具体如下：

1．联想

联想是经典条件反射。苏联生理学家、心理学家巴甫洛夫在其经典条件反射实验中，提出了联想的概念。每次铃声一响，狗就能得到食物，反复多次的实验后发现，即使没有食物出现，狗听到铃声也会分泌唾液，于是形成铃声—食物的联想。人类也可以通过联想学习态度和行为方式。

2．强化

个体可以学会某种行为而避免另一种行为，行为后的奖赏与惩罚作为强化物，可以使某种行为固定下来并反复出现。奖赏是正强化，惩罚是负强化，其过程分别是正强化过程和负强化过程。不同的强化可以塑造不同的行为。

3. 模仿

个体在学会某种态度和行为的过程中，模仿榜样是非常重要的。模仿不是对内隐心理的模仿，而是对外显行为的模仿。它是在没有外界控制的条件下，个体受到他人行为的刺激，自觉或不自觉地使自己的行为与他人相仿。在这个过程中，模仿者是自觉的、主动的。模仿者通常选择的模仿对象是有利于个人发展和社会进步的行为。

社会学习理论认为，个人的行为是由个人与环境的交互作用决定的，即人的行为受到内在因素与外在环境因素的交互影响，从而构成一种三角互动关系。观察学习是班杜拉社会学习理论的重要组成部分，主要分为注意过程、保持过程、动作再现过程和动机过程。

社会学习理论认为，个体的大部分社会行为是对他人行为的观察与模仿，并在此基础上学习和形成新的行为方式。在观察学习中起决定性作用的是环境，若环境发生变化，人的行为也会发生变化，因此我们只要控制好环境，就可以使行为朝预期的方向发展。团体心理辅导为成员创设了一种安全、温暖和可信任的情境，并提供可学习、模仿的榜样，这样会引发个体行为的改变。在团体心理辅导过程中，成员的认知、态度、行为、价值观等都是一面镜子，成员相互学习，彼此交流、沟通和互动，有助于发现问题更深层次的原因，促进团体成员之间的改变和成长。

当然，社会学习理论也存在几点不足：一是忽视当时的情境，认为行为取决于过去的学习经验；二是忽视个体当时情境的情绪状态和主观感受对行为的影响，更倾向于将行为归因于外在情境；三是忽略对内在心理过程的分析，过多关注对外在行为的解释。

（三）人际沟通理论

人际沟通是人们交往的重要形式之一，这是指在社会生活中，人与人之间运用语言方式或非语言方式来传递信息、沟通思想、交换意见、表达情感和需要的交流过程，是人们了解他人思想、情感、见解和价值观的一种双向互动。团体心理辅导的过程，实际上就是人际沟通的过程，而人际沟通的过程就是信息交流的过程。在信息交流中，个体彼此间交流思想、情感和观点，从而形成一定的人际关系，人际关系是否发生变化和发展，主要取决于关系中的双方社会需要满足的程度。当然，人际关系受到人的认知、情绪和行为等诸多心理因素的制约，人的外貌、相似与互补、邻近与熟悉及个人的人格品质也会影响人际关系。人际沟通是人际关系形成的前提条件，它是一个动态的过程，两者相辅相成。人际沟通的研究领域尤为广泛，这些研究为团体心理辅导中人与人之间如何交往并建立良好的人际关系、如何增强沟通效果、如何避免或减少人际交往障碍提供了大量参考价值。可见，了解人际沟通的理论有助于认识和把握团体发展的过程，进而有效地引导团体发展。

早期，美国学者申农和韦弗提出了沟通的一个模型，认为沟通过程至少包括信息源、传送者、接收者、通道和目的五个要素。到 20 世纪 60 年代至 70 年代，美国心理学家拉斯韦尔提出了沟通的“5W”模式，即传信者（Who）、信息（Says What）、媒介（In which Channel）、受信者（To Whom）、效果（With What Effect）。

因沟通目的、沟通对象和沟通内容的不同，在沟通时往往要选择不同方式。沟通方式的选择一般受到两个因素的影响，即信息发送者对内容控制的程度和听众参与的程度。沟通方式主要有四种，见表 4－2。

表 4－2　四种沟通方式对比汇总表

序号	沟通方式	听众参与度	内容控制程度
1	告知	最低	最高
2	推销	中等	中等
3	征询	较高	较低
4	参与	最高	最低

人是社会的一分子，每个人都离不开这个环境，需要与其他人进行沟通和交流。美国管理心理学家认为，有效的沟通通常包含注意、理解、接受、行动四个步骤。在这四个步骤中，运用一定的方法可以帮助人们进行良好的沟通，保持协调的人际关系。常见的有效沟通策略如下：

（1）沟通节奏要恰当，因时、因地、因人制宜。

（2）沟通需要具有同理心，充分考虑信息接收者的观点和立场。

（3）沟通时避免只传递而没有反馈的状况，充分利用反馈机制。

（4）用行动强化语言，做到言行一致。

（5）避免一味说教，防止产生抵触情绪。

人际沟通的研究成果很多，内容丰富，为团体带领者选择沟通方式、观察指导团体成员的沟通等提供了可行的方法。团体心理辅导的过程本身就是一种人际沟通的过程，所以，人际沟通的成果也适用于团体心理辅导。

（四）相互作用分析理论

相互作用分析是由加拿大精神分析学家伯恩 1961 年创立的一种心理治疗的理论和方法，主要着眼于人与人之间的互动和沟通。它的基本假设是，我们每一个人都要对自己的思想、行为和感觉负责，改变对过去不幸事件的怨恨，反对环境决定论和遗传，学会坦诚地对待自己，思考未来。其治疗目的是协助人们了解与他人相互交往的本质，提高个体的自主性，获得重新做出决定的能力，以此改变自己的生活态度，从中对人际交往获得深刻的领悟力，建立自信、自尊、成熟的人际关系。

1. 相互作用分析基本理论

相互作用分析理论的主要观点包括自我状态、人生定位和人生脚本，具体介绍如下：

（1）自我状态——人格三我说

伯恩认为，人的自我状态分成三种，即父母自我状态、成人自我状态、儿童自我状态，分别用P、A和C表示，所以有时候被称为PAC理论。这三种状态是所有人都拥有的，与角色和年龄无关。它们是不同的心理状态，时时刻刻处于一个动态平衡的过程，影响着人们的所思、所想和所为，见表4－3。

表4－3 三种自我状态

序号	状态	含义	特征	表现
1	父母自我状态	一个人的思维行为模式与父母权威的态度、行为方式相符，效仿父母的价值观和态度。	教诲的，权威的	统治他人，责骂、训斥人以及其他权势作风。
2	成人自我状态	客观的、有思想的人格部分，与年龄无关。	现实的，理性的，有组织性的，有逻辑的	注意事实资料的收集，能够站在客观的立场上冷静地分析，而不受父母自我状态和儿童自我状态的干扰。
3	儿童自我状态	形成于儿童期，由童年的行为和情感构成。	情绪化的，以自我为中心的，好奇的，冲动的，自发的	服从和任人摆布，一会儿逗人爱，一会儿又大发脾气，令人讨厌。

我们可以看到，三种自我状态汇合成成人的性格，每个人的这三种状态的比例是不同的，因此，其行为表现也千差万别。相互作用分析的主要目的，是发现在个人的三种自我状态中，到底是哪一部分在引起各种刺激和反应，并在此基础上，产生互补型、隐含型和交叉型三种相互作用分析的形态。PAC理论也告诉我们，一个人要弹性地运用不同的自我状态来处理学习、生活和工作中的人际关系，正确评价自己，认识他人。

（2）人生定位——生活态度

因外界刺激等作用，每个人在三种自我状态的发展过程中会产生不同的人生态度，主要有四种，见表4－4。

表4－4　四种人生态度

序号	名称	态度	表现
1	我不好—你好	压抑、抑郁者的心态，依赖于情感，常常引发心理适应不良，陷入自卑自怜的心境。	依赖他人的施惠，急需被认可，觉得自己不如周围的人，产生自卑心理。
2	我不好—你也不好	严重精神紊乱或厌世者的态度，依赖于情感，常常引发心理适应不良。	儿童的成人意识停止发育，一旦长大，持这种态度的人常会放弃自我，陷入绝境，最终可能在一种极端的退缩状态下了结此生。
3	我好—你不好	怀疑的和独断的态度，依赖于情感，常常引发心理适应不良。	他们确定自己所做的一切都是无可指责的，不管做什么都是好的。持这种态度的人，极端的表现是伤害他人，也有一些持这种态度的人因为孤傲、仇视等使自己极端孤立。
4	我好—你也好	健康积极乐观的态度，认可自己，也认可他人，有良好的社交圈，人生会很快乐。	依赖于思考、信仰以及行动的保证。一旦接受“我好—你也好”的新态度，马上就能产生好的情感。这种新方式总有一天会给人们的生活带来新的收获和新的幸福。

（3）人生脚本——生活原稿说

人生脚本也称生活原稿，是潜意识里的人生计划，旨在帮助人们重塑认识或者改写自己的生活，从而恢复到出生时的“我好”状态，是基本人生定位活动的舞台，有利于指导个体生活的方向以及需要去做的事情。它的形成与早期价值观认定和童年心理地位有关，始于儿童自我状态。从某种程度上说，人生脚本决定了人们的情感、思维和行为方式。

人生态度与人生脚本息息相关，若一个人的人生脚本积极，其在成长过程中的大部分时间就会以积极的心态去面对生活；若一个人的人生脚本消极，其在成长过程中，就往往以消极的心态处理事情。一个人若想对自己的生活做出根本改变，则需要深入分析并改写自己的人生脚本。

2. 相互分析理论对团体心理辅导的贡献

相互分析理论用于心理辅导，其语言分析简洁明了，便于操作，特别适用于自我认知和自我教育，在团体心理辅导中起到重要作用。它不仅有利于帮助当事人理解与他人互助的本质，促进自身的成长与进步，还利于“我好—你也好”这种良好人际关系的建立。

除了以上常见的四种理论，弗洛伊德创立的心理分析治疗理论、卡尔·罗杰斯的以人为中心疗法、现实疗法等也对团体心理辅导有所贡献。

第三节　大学生心理资本团体干预研究

一、问题的提出

关于大学生心理资本的培育和开发，国内外研究者做了大量研究，但成果主要集中在心理资本的概念、结构与测量、影响以及作用机制上，对于心理资本的干预手段研究还是比较欠缺。从研究对象看，已有的研究集中于国内外学者对企业员工的干预研究，对其他群体的干预研究较少探索，我国学者赵涵（2013）通过连续 8 周的团体心理辅导，证实干预对心理资本水平较低的被试效果显著，裴静娴（2014）、吴丹萍（2016）等均采用微干预对大学生进行了团体心理辅导，结果显示微干预对心理资本水平提升有显著效果。然而，对大学生心理资本的干预研究依然有待进一步发展。专门针对心理危机高关注群体的干预研究比较少，知网上只有朱丽芬（2022）关注高职家庭经济困难学生群体，通过团体心理辅导提升其心理资本水平，促进个体健康成长。

本研究通过把心理资本干预理论和团体心理辅导有效结合，设计大学生重点关注群体的团体心理辅导方案，从而探索提升大学新生重点关注群体的心理资本和心理健康，为大学生心理危机预防和干预工作提供参考。

鉴于此，本研究聚焦大学新生重点关注群体，采用小规模团体心理辅导的方式开展心理资本干预，以提升重点关注群体的心理素质，为高校大学生心理危机预警提供指导性方案。

二、研究：大学新生重点关注群体的心理资本团体干预

（一）研究设计

1. 研究目的

（1）在心理资本理论和团体心理辅导理论的指导下，探索适合当下大学新生

重点关注群体心理资本提升的干预方案。

（2）通过实验验证团体心理辅导方案对大学新生重点关注群体心理资本和心理健康的干预状况。

2. 研究假设

本研究以心理资本干预理论和团体心理辅导理论为基础，设计适合当下大学生重点关注群体心理资本提升的干预方案，并验证干预效果的有效性。

假设1：团体心理辅导方案对实验组成员心理资本总体水平与心理健康水平有显著提升作用。

假设2：团体心理辅导方案对实验组成员心理资本四个维度有显著提升作用。

假设3：控制组成员前后测均为显著差异，大学生心理资本及各维度水平相对稳定。

3. 实验设计与实验程序

本次团体干预实验的自变量为干预手段（实验组、控制组），因变量为《积极心理资本问卷（PPQ）》和《症状自评量表 SCL－90》得分。

在实验程序方面，根据高校新生心理测评的重点关注群体，使用我国学者张阔等人（2010）编制的《积极心理资本问卷（PPQ）》和《症状自评量表 SCL－90》进行前测，在企业微信群招募和面试重点关注群体，组成团体活动小组，并将其分为实验组和控制组。接着，对实验组成员进行每周1次，共6次团体心理干预，控制组暂不做任何安排。最后，比对实验组和控制组前后测数据的分析结果以及控制组的跟踪访谈，来验证团体实验的有效性。

4. 被试

面对广州某高校大一重点关注群体，通过企业微信定点推送海报的形式，招募本次团体活动的成员。团体成员的招募以被试自愿、主动报名为基本原则，结果收到45名学生报名。通过为期一周逐一开展个别谈话的形式，对实验组成员进行挑选。经过面谈确定40名大学生分别进入实验组和控制组，并施测张阔等人（2010）编制的《积极心理资本问卷（PPQ）》和《症状自评量表（SCL－90）》。考虑到本次团体活动要持续6周，历时将近2个月，实验组部分被试可能会因某些原因出现中途退出的现象，因此在进行被试分组时，确定实验组被试为20人，控制组被试为20人，见表4－5。

表4－5　大学生重点关注群体心理资本团体活动被试情况表

分类	实验组		控制组	
性别	男	女	男	女
人数	6	14	5	15

5. 研究工具

张阔等人（2010）编制的《积极心理资本问卷（PPQ）》和《症状自评量表（SCL－90）》。在团体活动开始前和团体活动结束时，进行实验组和控制组的前测和后测。大学生心理资本团体干预活动方案详见第四节。

（二）实验结果

1. 前测结果

分别对实验组和控制组前测进行独立样本 t 检验，结果显示，实验组和控制组前测在《心理资本量表（PPQ）》与《症状自评量表（SCL－90）》维度下均无显著差异，这说明，实验组与控制组在实验前各项指标基本处于同一水平，符合实验干预的要求，见表4－6。

表4－6　接受不同实验处理的两组被试前测比较

检验变量	实验组	控制组	t
心理资本总分	3.990	4.011	－1.136
自我效能	3.535	3.428	0.848
希望	4.249	4.189	0.689
乐观	4.103	4.207	－1.877
韧性	4.125	4.117	0.113
心理健康总分	218.50	214.80	0.562

2. 后测结果

实验干预结束对两组被试进行后测，见表4－7，实验组在接受团体干预后，心理资本量表中的得分有了明显变化。与控制组相比，实验组心理资本总分，以及自我效能、希望、乐观和韧性4个维度的得分明显提高，《症状自评量表（SCL－90）》中的得分也明显提高，两组被试得分差异显著。另外，在《症状自评量表（SCL－90）》中，实验组得分则显著低于控制组。

表4－7　接受不同实验处理的两组被试后测比较

检验变量	实验组	控制组	t
心理资本总分	4.678	4.040	5.531**
自我效能	4.655	3.451	6.325**
希望	4.464	4.212	3.846**

（续上表）

检验变量	实验组	控制组	t
乐观	4.938	4.219	6.423**
韧性	4.393	4.136	3.859*
心理健康总分	176.40	211.90	-4.236**

3. 实验组和对照组的前后测结果差异比较

对实验组和控制组前后测（后测—前测）进行配对样本 t 检验，结果发现，实验组在心理资本总分，自我效能、希望、乐观、韧性 4 个维度，以及《症状自评量表（SCL-90）》得分在团体心理辅导前后有显著性差异，这意味着本次团体心理辅导能有效提升成员的心理资本水平和心理健康水平，见表 4-8。

表 4-8　实验组前后测的差异性检验

维度		平均值 M	t
心理资本总分	实验组前测	3.990	3.328**
	实验组后测	4.678	
自我效能	实验组前测	3.535	4.875**
	实验组后测	4.655	
希望	实验组前测	4.249	5.325**
	实验组后测	4.464	
乐观	实验组前测	4.103	4.479**
	实验组后测	4.938	
韧性	实验组前测	4.125	2.528*
	实验组后测	4.393	
SCL-90	实验组前测	218.50	5.214**
	实验组后测	176.40	

而控制组在团体心理辅导前后无显著性差异，这意味着在自然成长的状态下，成员的心理资本总分，自我效能、希望、乐观和韧性 4 个维度，以及《症状自评量表（SCL-90）》得分，均不会发生明显变化，见表 4-9。

表 4－9　实验组前后测的差异性检验

维度		平均值 M	t
心理资本总分	控制组前测	4.011	0.354
	控制组后测	4.040	
自我效能	控制组前测	3.428	0.526
	控制组后测	3.451	
希望	控制组前测	4.189	1.057
	控制组后测	4.212	
乐观	控制组前测	4.207	0.451
	控制组后测	4.219	
韧性	控制组前测	4.117	0.504
	控制组后测	4.136	
SCL－90	控制组前测	214.80	0.227
	控制组后测	211.90	

由数据可以看出，本研究所采用的团体心理辅导方式获得了理想效果：实验组与控制组前后测差异显著，实验组心理资本量表得分显著高于对照组，而《症状自评量表（SCL－90）》的得分显著低于控制组。结果显示，跟进心理资本的理论模型，提升被试的自我效能、希望、韧性、乐观状态水平，接受一个半月的团体心理辅导干预实验后，重点关注学生的心理资本水平有了显著提高，心理健康状况也明显提升，这种改变可以有效地帮助他们应对生活中的各种压力，提升主观幸福感。

第四节　实践操作

近年来，学术界关注对心理危机主体的研究，研究如何充分调动危机主体应对心理危机时内在的动力，积极心理资本是一种积极的心理力量，其可塑性和持续性可为个体成长和发展提供保障，将心理资本融入心理危机干预将是当前我国心理危机干预的新趋势。根据心理资本结构的四维说，本研究从自我效能、希望、乐观和韧性四个维度来着手，探讨如何提升大学生心理资本，以更好地服务于大学生心理危机的预防和预警工作。

一、心理资本的干预理论模型

美国学者路桑斯等人于2006年提出了心理资本的干预模型，此模型结合心理资本的四个维度，从提高自我效能、提升希望水平、发展乐观和增强韧性等结构进行开发，通过提升个体的心理资本水平，从而产生持续、真正的绩效影响。这个干预理论模式，也为大学生心理资本的开发和提升提供了理论支持和开发策略。如图4－1所示。

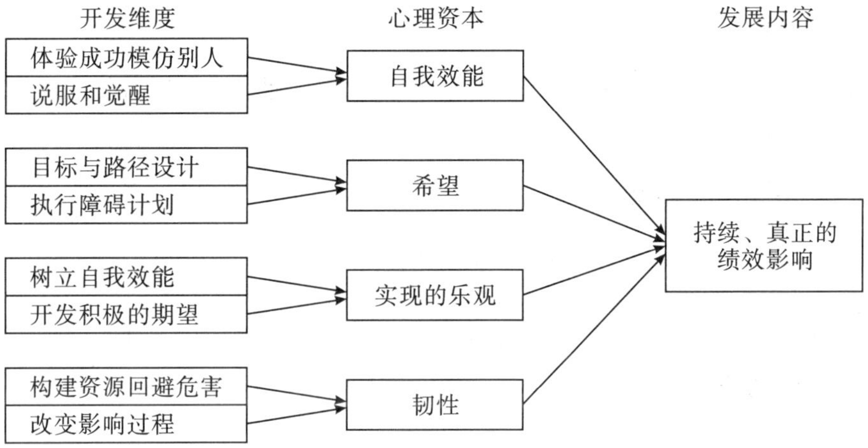

图4－1　心理资本微干预模型

路桑斯等人提出的微干预模型认为，可以通过鼓励、榜样示范和鼓励等方法去增加个体的成功体验，从而帮助个体提高自我效能感；可以通过让个体探索目标的设定与规划达到目标的路径以及克服执行计划时的障碍，提升个体的希望水平；可以通过发展和树立个体的自我效能感、激发个体对成功的积极预期等方式来发展他们的现实乐观水平；通过对成长、磨砺的反思以及对未来可期困难的评估，并积极发掘和建构相关的资源，以克服困难等方式增强心理韧性水平。

二、设计思路

根据心理资本的结构，围绕提高个人效能、开发希望、保持乐观、增强韧性四个方面设计团体活动，帮助大学生掌握提升心理资本的基本方法，对压力所造成的认知、情绪、行为及生理方面的症状进行有效缓解和疏导，增强大学生重点关注群体应对心理危机的内在能力。同时，通过团体的沟通交流，营造安全和谐的人际氛围，提升大学生人际沟通和人际交往的水平，促进大学生心理资本的提升。

（一）活动目标

通过活动开发大学生重点关注群体的自我效能、希望、乐观及韧性四个维度，来提升大学生群体的心理资本水平，具体如下：

1. 正确认知自我，更好地接纳自己，积极发现自我的优势。
2. 训练学生对目标及实现路径的设计，提升希望水平。
3. 树立积极的生活态度，增强对成功的预期，激发乐观的精神面貌。
4. 正确看待挫折，学习合作交流，建立良好的社会关系。

（二）活动对象

本活动属于发展性小团体，成员为在校大学生，通过自愿报名与选拔相结合的方式招募成员，不超过 12 人。

（三）活动时间与地点

活动每周 1 次，每次 120 分钟，共 6 次。

活动地点为学校心理辅导中心团体心理活动室。

三、活动方案设计

（一）大学生心理资本提升团体心理辅导方案

在实施之前，先进行《心理资本量表（PPQ）》与《症状自评量表（SCL－90）》的前测。活动每周 1 次，每次 120 分钟，共计 6 次。活动步骤与操作要点见表 4－10。

表 4－10　大学生心理资本提升团体心理辅导方案设计

次序	活动主题	活动目标	活动流程	因素
1	快乐相逢	1. 相互认识，建立信任感。 2. 介绍活动整体框架。 3. 建立团体契约。	1. 活动的目的和意义介绍。 2. 团队破冰：青蛙跳水。 3. 团队相互认识：滚雪球。 4. 组建小组：队名和口号。 5. 交流成员期待，制定团体契约。 6. 活动总结。	合作、交流、归属感、信任

（续上表）

次序	活动主题	活动目标	活动流程	因素
2	拥抱自我，告诉自己我能行	1. 促进成员自我探索，引导成员树立自信。 2. 学会成功经历的内归因。	1. 热身活动：掌声响起来。 2. 乔哈里视窗。 3. 优点大轰炸——《我真的很不错》。 4. 成功的体验。 5. 活动总结。	自我效能
3	种下一颗希望的种子	1. 探寻希望所在，点亮人生指路灯。 2. 积极面对挫折，探索解决路径。	1. 热身活动：同舟共济。 2. 遇见未来的自己。 3. 我的计划书。 4. 遇见障碍。 5. 活动总结。	希望
4	保持乐观，温暖前行	1. 体验归隐对行为的影响。 2. 培养成员心怀希望，保持乐观。	1. 热身活动：雨点变奏曲。 2. 心理实验：习得性无助。 3. 情景模拟与分析。 4. 小组讨论。 5. 活动总结。	乐观
5	韧性，让你我迸发无限能量	1. 增强韧性，战胜挫折。 2. 培养坚韧心态，提升应对压力的能力。 3. 提高适应力水平。	1. 热身活动：快乐抓快乐。 2. 压力光谱图。 3. 说说自己的故事。 4. 绘制人际财富图。 5. 活动总结。	韧性
6	一路上有你	1. 成员分享参加团体心理辅导的心得与感受。 2. 评估团体心理辅导的效果。	1. 热身互动：轻与重。 2. 回首往日时光：展示团体心理辅导的活动情境。 3. 成员分享活动过程中深刻、美好的回忆。 4. 祝福留言卡。 5. 活动总结。 6. 合唱《友谊天长地久》。	整合

（二）活动的反馈记录与分析

1. 单元反馈表

每次团体活动后，团队带领者在团体成员微信群发送《单元反馈表》，了解成员参加完活动后的感受和收获，以及对自己在活动中表现的满意程度，借此评估活动目标的达成程度。量表分为两部分。第一部分以勾选方式完成，较为简单明了，按提议勾选，以描述统计的百分比整理成员对每次单元活动的反馈，分析成员对团体成效的评价，作为量化分析的参考资料。第二部分为开放式问题，让学生写出活动中的收获与感受，作为辅助参考资料。第一单元反馈表见表4-11，后面的单元只需要将问题一和问题二换成每个单元对应的活动即可。单位反馈表的第二部分是在线上分享。成员在第一次活动时，组建一个微信群，每次活动后团队的每一个参与者（团队带领者和成员）需要提供活动的真实感受或收获，并将文字发送到微信群。这个设计主要考虑到“00后”大学生是网络时代的原住民，使用网络分享是他们十分熟悉和习惯的生活方式，通过“线下+线上”的模式推动团体心理辅导活动，更适合当代大学生的沟通方式，也可对团队氛围起到很好的促进作用。

表4-11　第一单元反馈表

<table>
<tr><th colspan="6">成员感受反馈表</th></tr>
<tr><td colspan="6">团体名称：　　　　　次数：　　　　　姓名：　　　　　日期：</td></tr>
<tr><td>项目</td><td colspan="5">评价
（1分代表不好，5代表非常好）</td></tr>
<tr><td>1. 我对今天活动安排的满意度</td><td>1</td><td>2</td><td>3</td><td>4</td><td>5</td></tr>
<tr><td>2. 我觉得团体的氛围融洽度</td><td>1</td><td>2</td><td>3</td><td>4</td><td>5</td></tr>
<tr><td>3. 我对团体带领者的满意度</td><td>1</td><td>2</td><td>3</td><td>4</td><td>5</td></tr>
<tr><td>4. 我对团体的信任度</td><td>1</td><td>2</td><td>3</td><td>4</td><td>5</td></tr>
<tr><td>5. 我在团体的愉悦度</td><td>1</td><td>2</td><td>3</td><td>4</td><td>5</td></tr>
<tr><td colspan="6">6. 今天我最喜欢的活动：</td></tr>
<tr><td colspan="6">7. 今天我印象最深刻的一句话：</td></tr>
<tr><td colspan="6">8. 我对今天活动的建议：</td></tr>
</table>

2. 团体总体效果评估

评估分为两个部分，第一部分通过《积极心理资本问卷（PPQ）》和《症状自评量表 SCL－90》进行后测，全面了解和评估团体活动对大学生心理资本和心理健康水平的干预作用。

第二部分对成员进行开放式问卷调查。共有 5 个开放性的问题，包括：①在团体中，你印象最深刻的是什么？②团体的经验对你的生活有哪些影响？③你喜欢团体的哪些地方，不喜欢哪些地方？④如果用三句话来说明团体对你的意义，你会说哪三句？⑤你对团队带领者的工作有什么建议？回顾整体活动历程，请写出自己在整个团体的中的改变、收获与成长，以作为团队总体效果分析和评估的参考资料。

3. 团体过程记录

团体过程记录是研究者自行设计的所要记录的内容，包括活动时间、出席情况、座位图、团体过程摘要及活动过程评估等。所得资料经过整理，作为研究者评估团体对提升心理资本影响效果的参考资料。

四、具体活动方案

【活动一：快乐相逢】

活动目的：形成团队，建立信任，培养团队凝聚力，营造小组氛围，制定团体契约。

活动内容与操作流程见表 4－12。

表 4－12　大学生心理资本提升团体心理辅导活动一的内容及操作流程

活动内容	操作流程
1. 活动的目的和意义介绍（10 分钟）	团体带领者自我介绍，让团体成员快速了解带领者，并欢迎小组成员。 介绍本团体的目标：在接下来一段时间里，我们要一起体验很多精彩活动，目的是帮助大家提高心理资本水平，让大家更加有效学习和快乐生活。
2. 团队破冰：青蛙跳水（15 分钟）	（1）全体成员围坐成圈。 （2）由带领者开始说“一只青蛙”，第二个人说“一张嘴”，第三个人说“两只眼睛”，第四个人说“四条腿”，第五个人说“扑通”，第六个人说“跳下水”。 （3）继续下一个人开始说“两只青蛙”，第二个人说“两张嘴”，第三个人说“四只眼睛”…… （4）如此推进，将数字不断叠加，直至某个成员出错，则由出错学生开始，速度可以逐渐加快。

（续上表）

活动内容	操作流程
3. 团队相互认识：滚雪球（40分钟）	（1）所有成员围坐成圈，从其中一个开始，每人用一句话加上一个动作介绍自己。语言和动作必须包含三方面内容：姓名、兴趣爱好和最大特点（这个特点是能够在团体活动中发挥作用的）。 （2）第一个成员说完后，第二个成员从第一个成员开始讲起。这样不仅可以帮助成员集中注意力，在多次重复中记住他人的信息，推进后续团体活动，还可以不断强化相互的优点，起到强化的作用。 （3）讨论和分享：有什么好办法迅速记住别人？
4. 组建小组（15分钟）	起组名、口号并进行展示。
5. 制定团体契约（30分钟）	（1）团体带领者事先按团体成员人数准备好团体承诺书，每个成员发一份团体承诺书和一支笔。 （2）带领者阅读团体承诺书，邀请成员共同讨论团体规则，带领者在讨论中不断引导、规范。鼓励成员对承诺书提出自己的意见和建议，达成共识后，带领者将共识写在团体承诺书的要求上。 （3）团体承诺书补充完善后，请每位成员在上面签上自己的名字。 （4）此后每次团体活动，都将团体契约挂在团体心理辅导室内，以强化成员对契约的重视。
6. 活动总结（10分钟）	（1）总结本次活动，期待下次活动，并提醒下次活动的时间和地点。 （2）留作业：所有成员总结这次活动的收获和感受，下次活动前分享。

附1：团体承诺书模板

团体承诺书

我承诺将全程参加团体心理辅导活动，并遵守下面的约定：

1. 我一定准时参加所有的团体活动，因为我的缺席会对整个团体活动造成影响。
2. 我愿意尊重团队每位成员的个人隐私，严格保密，不做任何有损害成员利益的事情。
3. 我将努力开放自己，真诚与其他成员互动。
4. 在团体活动期间，我会集中注意力参与，并自觉关闭手机，或设置成静音、震动状态。
5. 团体活动中，我对其他成员持有信任态度，愿意分享自己的观点和情感，向他人表露想法，反馈信息，绝不进行人身攻击。
6. ________________
7. ________________
8. ________________
9. ________________
10. ________________

以上承诺我愿意接受团体中所有人的监督。

承诺人：

时间：

【活动二：拥抱自我，告诉自己我能行】

活动目的：促进成员自我探索，引导成员树立自信，学会归纳成功经历的内因。

活动内容与操作流程见表 4－13。

表 4－13　大学生心理资本提升团体心理辅导活动二的内容及操作流程

<table>
<tr><th>活动内容</th><th>操作流程</th></tr>
<tr><td>1. 热身活动：掌声响起来（20 分钟）</td><td>(1) 分发“一分钟鼓掌次数记录表”，每人一份。
<table>
<tr><td>第一次估计鼓掌次数</td><td></td><td>第二次估计鼓掌次数</td><td></td></tr>
<tr><td>第一次实际鼓掌次数</td><td></td><td>第二次实际鼓掌次数</td><td></td></tr>
<tr><td>第一次的差距</td><td></td><td>第二次的差距</td><td></td></tr>
</table>
(2) 指导语：请同学们想象一下，此刻站在前面的是你心中的偶像。他正在向你走来，打算和你合影，你非常激动，不断鼓掌。好了，我们的游戏正式开始，首先请同学们估计一下你在一分钟内的鼓掌次数，不要过多思考，将第一个进入你脑海中的数字填在表格里。
(3) 练习：下面，见证奇迹的时刻要到了，请同学们做好准备，我们一起实测一下，看看你的估计准不准。注意，鼓掌时双手距离不必过大，3—5 厘米就可以，大家先试一下。
(4) 游戏开始：大家都明白这个游戏规则了，下面正式开始。我喊“开始”的时候，你们就用自己最大的力气和最快的速度鼓掌，并默数自己鼓掌的次数。好，倒计时开始，5，4，3，2，1—开始，鼓掌……（带领者用秒表计时，5 秒钟之后，学生通常会感觉疲劳，带领者要用“加油”“快”“再快一点”“努力”等话语鼓励学生。）
(5) 游戏结束（鼓掌时间到 10 秒时，带领者要果断喊“停”）。指导成员把 10 秒内鼓掌的次数乘以 6，并将这个数字填在表格里。
(6) 请成员比较自己预测的数据和实际测试的数据之间的差距。
(7) 重测：如果我们再做一次这个游戏，大家估计一下这回你能鼓掌多少次，将数据填在表格里。大家做好准备，我喊“开始”，你们就用自己最大的力气和最快的速度鼓掌，并默数自己鼓掌的次数。[重复步骤 (4) (5) (6)]。
(8) 讨论分享：对比前后的数据，你有什么发现？它给你什么启示？</td></tr>
</table>

（续上表）

活动内容	操作流程
2. 团队活动：乔哈里视窗（30分钟）	（1）带领者解释：乔哈里视窗（Johari Window）是从其创始人、美国心理学家乔和哈瑞（Joseph Luft and Harrington Ingham）两人名字中截取来的。 （2）完成自我知觉记录表上的第一部分。 （3）完成反馈表。 （4）带领者收集反馈表，并大声读出（不指名），让学生在自己的自我知觉记录表中记录。这样做可以填写盲目领域（自不知而他知的部分）。 （5）自己画一扇窗户，可用不同颜色的笔代表优点、缺点。 [讨论要点] ·自己得到的反馈及乔哈里视窗的概念。 ·如何正确认识自己，认识别人。
3. 优点大轰炸——《我真的很不错》（30分钟）	（1）自我描述：用20个“我”字开头描述自我特点，要求每个描述能体现特点，如“我爱唱歌”“我做事追求完美”“我当众发言会感到紧张”，不要泛泛描述，不必有过多顾虑，不必进行过多考虑。 （2）每组先有一个同学作为中心人物，讲述自己的特点。 （3）优点轰炸：每个成员轮流对中心人物的优点或所欣赏之处（如性格、外貌、处事方式等）进行称赞，只说优点，态度要真诚，努力去发现别人的长处，不能毫无根据地吹捧，那样反而会伤害别人。被称赞的成员说出哪些优点是自己以前知道的，哪些是未曾意识到的。 （4）按照前面的流程，每个成员重复。
4. 成功体验分享（30分钟）	引导成员回顾自己过去的成功经历，感受成功的感觉，探索成功的内因。
5. 活动总结（10分钟）	（1）总结本次活动，期待下次活动，并提醒下次活动的时间和地点。 （2）留作业：所有成员总结这次活动的收获和感受，下次活动前分享。

附2：乔哈里视窗自我知觉记录表

	自己知觉部分	别人知觉部分
优点：		
缺点：		

记录表说明：在左边写出自己的优缺点，然后在每一个可以让人知道的优缺点前面“√”。带领者收集并念出所有反馈表后，在右边写下别人对你的看法。

独特的我

我的优势：	我的限制：
如何发挥我的优势：	如何突破我的限制：

【活动三：种下一颗希望的种子】

活动目的：

1. 探寻希望所在，点亮人生指路灯。
2. 积极面对挫折，探索解决路径。

活动内容与操作流程见表4－14。

表4－14　大学生心理资本提升团体心理辅导活动三的内容及操作流程

活动内容	操作流程
1. 热身活动：同舟共济（20分钟）	（1）指导语：我们站的地面就像一片汪洋大海，而这张报纸代表汪洋大海中的一条小船。要求小组成员同时站在一条船上，且身体的每一个部位都要在船上（脚在空中也不能超出报纸）。 （2）讨论出最佳方案，活动开始。 （3）所有成员都站上去后，成员一起喊“齐心协力，勇往直前”。 （4）做完一轮后，增加难度，对折报纸，以同样的要求完成任务。 （5）分享：描述一下你们组刚才是用什么方法做到的，成功完成这次任务后有什么感受。 背景音乐：《同舟共济》。
2. 团队活动：遇见未来的自己（40分钟）	（1）让学生填写事先准备的希望清单，清单内容包括学习、生活、社交、亲密关系四个方面。 （2）冥想：遇见未来的自己（首先想象1年后的自己，接着想象5年后的自己，然后想象10年后的自己，想象的内容包括当时自己在哪里、在干什么、心情怎么样、周围的环境和身边的人怎么样）。 （3）分享：描述刚才自己想象的内容。 （4）对本次活动进行总结。 （5）完善自己的希望清单。
3. 我的计划书（20分钟）	（1）成员自由发言，分享自己想要实现的每一个具体目标的计划。 （2）带领者讲解科学计划应该注意的方面，成员根据自己的实际情况对目标作相应的调整。

（续上表）

活动内容	操作流程
4. 预见障碍（30分钟）	（1）想象：实现计划的过程中可能遇到的挫折以及解决的方法。 （2）头脑风暴法：成员讨论在学校学习和生活过程中可能遇到的挫折及解决的方法。
5. 活动总结（10分钟）	（1）总结本次活动，期待下次活动，并提醒下次活动的时间和地点。 （2）留作业：所有成员总结这次活动的收获和感受，下次活动前分享。

【活动四：保持乐观，温暖前行】

活动目的：

1. 体验归因对行为的影响。
2. 培养成员心怀希望，保持乐观。

活动内容与操作流程见表4－15。

表4－15　大学生心理资本提升团体心理辅导活动四的内容及操作流程

活动内容	操作流程
1. 热身活动：雨点变奏曲；（30分钟）	（1）带领者宣布规则：等会讲一个故事，当听到起风的时候，请大家做擦掌的动作；当听到雷声时，请大家做跺脚的动作；听到小雨时，请大家做打响指的动作；听到中雨时，请大家做拍大腿的动作；听到大雨时，请大家做鼓掌的动作；听到暴雨时，请大家鼓掌加跺脚。 （2）开始游戏：带领者讲《雨点变奏曲》，故事中包含上面提到的各种响声，带领者边讲故事，学生边做动作。 故事：周末放假了，我们全家一起出外游玩，好惬意啊！突然，起了一阵风，乌云密布，一道闪电划过，雷声轰隆，又一阵狂风，又一阵雷声（要有渐强渐弱的变化，下同），小雨噼噼啪啪地下起来了，行人慌忙躲避；很快地，小雨变成了中雨，变成了大雨……又是一阵雷声，暴风雨来啦！又是一阵雷声，大雨倾盆，雨渐渐地变小了，变成中雨，变成小雨……一阵又一阵雷声，大雨又降临了！但仅仅一会儿，（带领者双手猛地一收）雨过天晴啦！ （3）游戏结束，请成员分享游戏体验。

（续上表）

活动内容	操作流程
2. 心理实验：习得性无助（30分钟）	（1）带领者讲述习得性无助心理实验。 **习得性无助** 心理学家曾做过这样一个实验，将甲、乙两只狗分别关在两个笼子里。甲狗所在的笼子里有一个踏板，只需轻轻按动踏板，笼门就会打开。乙狗所在的笼子从里边是打不开的。 实验中对两只狗进行电击。甲狗因疼痛在笼子里乱跳乱叫，偶然碰到踏板，打开了笼门，甲狗逃出了笼子。以后，电击时甲狗都会立即踩踏板逃出。遭到电击时，一开始乙狗也乱跳乱叫寻求出路，但每次都逃不出去。以后再遇电击时，乙狗都会一动不动地忍受。 心理学家将这两只狗和另一只狗丙分别放到三个新笼子里，新笼子无门也无顶，可以一跃而出。分别给三只狗进行电击。新来的丙狗自然乱叫乱跳，最后，一跃而出，跑出笼子。甲狗开始时找踏板，当然找不到，可它不断尝试逃脱的办法，最终也一跃而出。唯有乙狗依然一动不动，默默忍受电击，不愿做出任何尝试。 （2）讨论： ①乙狗为什么不跑出去？ ②在生活中，我们或者身边的人是否也有类似的情形？
3. 情景模拟与分析：我们的归因（40分钟）	（1）某一天，你心仪已久的人突然答应跟你一起吃饭，你心里会怎么想？ A. 偶然事件，或许他是想出来解解馋了。 B. 我打动了他，我相信自己的魅力和诚心。 （2）某一天，你最要好的朋友突然恶言相向，你会怎么看待？ A. 偶然事件，我想他当时心情不太好。 B. 他脾气不好，一向不善解人意。 （3）12位好友同意参加你的聚会，可最终只来了8位，你认为，其他4位为什么没来？ （4）这次期末考试，你的外语成绩如何？你认为你通过（或未通过）的原因是什么？ （5）某天早上，你最好的朋友见到你却没有和你打招呼，直接走远，你作何感想？ （6）你的专业课成绩这次不错，你认为原因是什么？成绩不理想，原因是什么？ （7）你的朋友背叛了你，你认为原因是什么？ （8）你有失败的经历吗？你认为原因是什么？

（续上表）

活动内容	操作流程
4. 小组讨论（30 分钟）	引导分析：不当归因会让人垂头丧气，正确归因有利于个人成长。不少人把偶然因素看成是自己的错误，把失误看成是自己的无能。不要把一时的失误当成一生的失败；同时，要学会接受失败，与其失败后懊恼不已，不如失败后及时归因，发掘自己的积极因子，使自己在失败中更好地成长。
5. 故事讲解“牛仔大王”的传奇	被称为“牛仔大王”的犹太商人李维斯的西部发迹史中有过这样一段传奇，当年他也像许多年轻人一样，带着梦想往西部追赶淘金热潮。不曾料想，一条大河挡住了西去的路，有人向上游或下游绕行，也有人打道回府，但更多人怨声载道。李维斯也是其中抱怨的一员，后来他慢慢平静下来，想起了有人曾经传授他一个制胜秘诀——在遭遇挫折时，一定要反复口念：“太棒了，我身上竟发生了这样的事，这又将是我成长的一个机会。事发必有其因果，肯定会有助于我。”在大河边，他“非常兴奋”地不断对自己重复说这句话。果然，他很快就有了一个绝妙的创业主意——摆渡。人们争相坐渡船过河，他人生的第一笔财富因大河挡道而获得。 当摆渡生意开始清淡时，他继续前往西部淘金。在西部，四处是淘金人，他好不容易找到合适的空地淘金，却三番四次被流氓和无赖抢走。他没有报复，又一次使出了他的制胜秘诀，他重复说：“这又将是我成长的一个机会，事发必有其因果，肯定会有助于我。” 于是，他找到新的生计——卖水。 西部缺水，可似乎无人注意到这一点，李维斯卖水的生意红红火火。见此，越来越多人成为他的同行。有一天，他卖水的地盘又被人霸占了，水车也被砸了。李维斯只好再次无奈地接受现实，但他依然没有气馁，“制胜法宝”再次给他指引生路。此时，他发现淘金人的衣服在工作中极易磨破，而西部到处都是废弃的耐磨的帆布帐篷。一个全新的主意出现了——收集那些帐蓬，清洗后缝制成耐磨的衣服。于是，世界第一条牛仔裤由此诞生，此后一发不可收，李维斯最终成为举世闻名的“牛仔大王”。 小组讨论： （1）李维斯在追求梦想中遇到什么挫折，是什么让他成长，从而成为举世闻名的“牛仔大王”？ （2）启示：在遇到困难时，不要放弃希望，要真切地相信“太棒了，我身上竟发生这样的事，这又将是我成长的一个机会。事发必有其因果，必有助于我”。要心怀希望，寻找优势和机遇。
6. 活动总结（10 分钟）	（1）总结本次活动，期待下次活动，并提醒下次活动的时间和地点。 （2）留作业：所有成员总结这次活动的收获和感受，下次活动前分享。

【活动五：韧性，让你我迸发无限能量】

活动目的：

1. 增强韧性，战胜挫折。
2. 培养坚韧心态，提升应对压力能力。
3. 提高适应力水平。

活动内容与操作流程见表 4－16。

表 4－16　大学生心理资本提升团体心理辅导活动五的内容及操作流程

活动内容	操作流程
1. 热身活动：快乐抓快乐（20 分钟）	（1）每位成员先伸出自己的左手手掌，放于身体左侧，掌心朝下；再竖起自己的右手食指，放在身体右侧右边同学的左手手掌下，指尖抵住手掌心。当听到“快乐”这个词时，成员的左手要飞快地抓住手掌下面的手指，同时自己右手的食指要飞快地逃开，不能被别的成员的左手抓住。 （2）游戏指导语： 有一首非常好听的歌叫《快乐崇拜》。我想问一下大家，今天你快乐吗？生活中总有一些意想不到的事发生，有时让你烦恼，有时给你快乐。在今天快节奏的生活中，让我们记住境由心造的道理，因为快乐是可以自己选择的，遇到事情时，懂得换个角度看问题的人会快乐到老。 （3）请讨论并分享以下问题： ①你抓住了几次快乐？ ②你被抓住了几次？ ③你现在的感觉如何？ ④在游戏过程中，你产生过哪些情绪？ ⑤你还有什么感悟？
2. 压力光谱图（20 分钟）	（1）带领者请两位志愿者，间隔约五米站立，分别代表数字“0”和数字“10”，并说明“0”代表几乎没有任何压力，“10”代表当前压力很大，难以承受。数字“0”到“10”之间即代表压力的连续光谱。 （2）成员评估自己的压力大小，并站到光谱的相应位置，同样压力程度的成员可站成一排。 （3）成员间相互观察，了解自己的压力情况和其他人的压力情况。 （4）成员围坐在一起分享和交流。 ①你的压力情况处于“0”到“10”中的哪个水平？为什么这样评估？ ②这种压力对你目前的影响是什么？

（续上表）

活动内容	操作流程
3. 说说自己的故事（30 分钟）	（1）请成员回忆在成长过程中曾经遇到的挫折，当时自己的想法如何，以及如何渡过。 （2）邀请成员两两一组，分享自己受挫的故事。分享完后，回到大团体中再分享。 （3）分享：探索自己看待挫折的思维模式，以及挫折给自己带来的影响。 （4）带领者总结各种挫折情境，并让成员讨论如何面对。
4. 绘制“人际财富树”（40 分钟）	（1）每位团体成员绘制一棵“人际财富树”，树的根部代表个人价值和特质，树的枝干代表他们的人际关系，叶子代表他们在人际交往中的收益和获得的支持。 （2）每个团体成员选择一片叶子，描述在人际交往中接收到的正向反馈、帮助和支持。 （3）每位成员分享自己的“人际财富树”，满意之处，是哪些因素促成的，如何保持；不满意之处，是哪些因素造成的，如何改进。 （4）结束后，带领者引导团队成员分享感受和体验。
5. 活动总结（10 分钟）	（1）总结本次活动，期待下次活动，并提醒下次活动的时间和地点。 （2）留作业：所有成员总结这次活动的收获和感受，下次活动前分享。

【活动六：一路上有你】

活动目的：

1. 回顾成员在团体中的成长历程，分享参加团体的心得与感受。
2. 评估团体心理辅导的效果

活动内容与操作流程见表 4－17。

表 4－17　大学生心理资本提升团体心理辅导活动六的内容及操作流程

活动内容	操作流程
1. 热身活动：轻与重（10 分钟）	（1）让成员找个舒服的姿势围圈坐好，然后缓慢而深长地吸气，再充分地吐气，不断地吸气吐气，直到整个身心都放下来。接下来，请成员双臂平伸于前方，然后闭上眼睛，吸气、呼气。想象现在自己的左手挂着一个氢气球，轻飘飘的，而右手挂着一块很重的石头，沉甸甸的，不停地想象左手挂着氢气球，右手挂着重石头。2 分钟后，请同学们睁开眼睛。 （2）讨论：为什么有些同学会出现左手比右手高的感觉？

（续上表）

活动内容	操作流程
2. 团体心理辅导视频（30 分钟）	回首往日时光，展示团体心理辅导活动情境，并写下对明日的希望。
3. 分享（20 分钟）	成员分享活动过程中深刻、美好的回忆。
4. 祝福留言卡（45 分钟）	带领者给每位成员准备一份空白留言卡，成员间相互赠言。
5. 活动总结（10 分钟）	带领者总结团体心理辅导的开展情况，感谢成员在团体中的真诚付出和努力成长。
合唱（5 分钟）	成员在音乐伴奏下合唱《友谊天长地久》。

第五章　可持续开发的心理资源：自我效能

名人名言

将自己的每一条优点都列出来，用赞美的眼光去看它们，经常看，最好能背下来。通过集中注意于自己的优点，你将在心理上树立信心，你是一个有价值、有能力、与众不同的人。

——罗伯特·安东尼

案例导读

重拾自信，绽放光芒

案例描述

来自风景秀丽山城的思洁，大学以前的人生可以用完美来形容。从小到大，她一直是同龄人中“别人家的优秀孩子”，活在同伴羡慕的眼神之中。面对亲朋好友的称赞和优异的学习成绩，思洁的内心认为这样的生活会一直持续下去。然而，转折点发生在大学校园。思洁以优异的高考成绩被录取到南方一所重点大学，在亲友的祝福和艳羡的眼神中，思洁踏上了去远方的列车，一切宛如童话故事般完美。

生活总是充满变化，当大学校园的新鲜感褪去，梦想中的象牙塔生活也逐渐褪色，思洁的生活慢慢地归于平淡，波澜不惊。在人才济济的高等学府里，思洁是当中默默无闻的存在，在她的周围，可以很轻易找到比她优秀的同学，她再也不能感受到被关注的感觉。舍友小雯学习成绩非常优秀，是在学校开学典礼发言的新生代表；睡在她下铺的小薇相貌出众，气质优雅，在校道上有极高的回头率；隔壁班小迪，小小年纪就游历了几十个国家，见多识广，知识渊博……在18岁的人生中，思洁第一次感受到自己的微不足道，她不再是高高在上的公主和学霸，仅仅是相貌普通、成绩普通、普通得不能再普通的灰姑娘。面对自己的生活的转变，思洁感到了异常的失望，甚至觉得活着没有什么价值和意义；在与父母的电话沟通中，她也多次表达自己的伤心和难过。

生活的转机出现在大一的下学期。学期初，班干部组织改选，思洁的舍友鼓励她竞选团支书。起初，思洁心里非常忐忑不安，连连拒绝，觉得自己处处不如其他的同学，坚决不参与竞选。在舍友的追问下，她终于说出了自己的心里话："我觉得上了大学，自己处处不如其他同学，做什么都做不好，肯定不能做好这个工作。"舍友看着思洁，坚定地告诉她，每个人都不完美，总拿别人的长处和自己比会有挫败感。接着，大家三言两语地告诉思洁她们眼中的思洁是什么样子的：勤奋、认真、聪明、待人和善……思洁简直不敢相信自己的耳朵。在大家的鼓励下，思洁终于鼓起勇气参加了竞选并获得成功。渐渐地，思洁敞开了心扉，她努力做好团支书的工作，得到了越来越多同学的认可。在同学的鼓励下，思洁不再封闭自己，和同学们一起泡图书馆，去博物馆看展览，在操场上奋力拼搏，思洁的脸庞上又再次洋溢出自信的笑容。现在的思洁觉得自己犹如绽放的夏花，即使不那么完美，她也能体会到自己的价值感，知道自己是谁，想过怎样的生活。

思考讨论

1. 你如何看待发生在思洁身上的故事，你有怎样的感慨？
2. 思洁重拾自信的关键因素有哪些？
3. 在上大学之初，你有过类似的经验吗？你是如何调整自己的？

案例分析

对大学新生来说，发生在思洁身上的变化很典型，中学的光环慢慢褪去，很多同学刚进入大学时都会经历心理方面的剧烈变化，从自信切换为自卑。对照心理学家埃里克森的人格发展阶段理论，大学生处于成年早期，是自我意识发展的重要阶段。这个时期主要的发展任务是获得自我认同感，即我是谁，将要去向何方，在社会中处于何处？与中学生活相比，上大学之后的生活发生了巨大的转变，很多同学的自我意识都会经历一系列的矛盾和冲突。如案例中的思洁，在上大学之前，她的经历简单并且一帆风顺，因此她获得的自我认同是完美的，过往成功的经历让她的内心充满自信和阳光。但上了大学之后，这个"完美的我"渐渐被现实击垮了，她突然发现自己的学习成绩不再出类拔萃，没有特长，身边优秀的人太多了。在与同伴的比较中，思洁开始怀疑、否定自己，并且出现了认同危机。在个体成长过程的每个阶段，或多或少都会遇到心理问题，假如个体寻找到合适的路径，克服了困难，便可以渡过危机；相反地，假如不能寻找到合适有效的路径克服困难，便会产生严重的心理危机，这种危机被称为认同危机。当一个人产生认同危机时，就会感到失落、迷茫及不知何去何从。

在关键时刻，思洁的舍友帮助她渡过了认同危机。首先，她们指出了思洁存在自我否定的思维模式。在学习生活中，思洁习惯于用自己的短处和别人的长处比较，觉得自己处处不如别人，不能悦纳自我。当思洁的价值感在外界环境变化的冲击下变得脆弱时，她甚至全面否定了自我，认为自己什么都不行。舍友们犹如一面镜子，用言语的反馈，让思洁渐渐看清楚被自己掩盖着的价值。其次，她们用优点轰炸的方式让思洁意识到一直被她忽略掉的优点，帮助她逐步建立自信心。任何事物都有消极面和积极面，人亦有缺点和优点。如果个人总是盯着自己的缺点，便会遗忘自己的优点，慢慢失去自信。舍友们用优点轰炸的方式帮助思洁更全面地认识自己，悦纳自己，重拾自信。

然后，在舍友的鼓励下，思洁不断地尝试新鲜事物，走出了自卑的阴霾，在成功中体验自我价值，获得新自我意识以及稳定的自我认同感，开始了崭新的大学生涯。

第一节　自我效能的研究

大学生处于向成人过渡的关键时期，面临着来自生理、心理、社会的巨大变化与压力，极易产生心理问题。自我效能作为心理资本的一个核心维度，影响着个体在应激状态下的身心反应。通过训练来开发大学生的自我效能，对于个体心理健康和个人发展都具有非常重要的意义。

一、自我效能的定义

美国著名心理学家班杜拉和其他行为主义者在对自我效能进行研究时，受行为主义心理学训练的影响，对自我效能进行了一系列操作化定义。这些定义随着时间和理论发展不断演变，从自我效能预期到感知自我效能，再到自我效能信念，体现了学界对自我效能理解的深化和拓展。

自我效能预期是个体对自身能否成功完成某项任务或行为的期望。它关注的是个体对结果的预期，这种预期受到过去经验、观察学习和社会影响等多方面影响。然而，由于这种定义仍然带有行为主义预期理论色彩，班杜拉在其后期研究中逐渐减少了对这一概念的使用。

感知到的自我效能感则是一种自我生成的理论，它强调个体对实施特定目标所需行动过程的能力的觉知。这种觉知不仅是对结果的预期，更是对完成任务所需能力的自我评估。这种评估是通过信息加工得出的，它综合考虑了个体的能力、技能、资源以及任务难度等因素。

当个体的价值系统融入自我效能感时，就形成了自我效能信念的概念。自我效能信念不仅反映了个体对自身能力的评估，还体现了个体对自己能够成功完成任务的坚定信念。这种信念是个体在面临挑战和困难时的重要支撑，影响着个体的行为选择、努力程度和持久性。

班杜拉和其他行为主义者对自我效能的操作化定义，经历了从自我效能预期到感知自我效能，再到自我效能信念的演变。这些定义不仅反映了理论发展的脉络，也为实际研究提供了有效的评估工具。通过关注个体对自身能力的评估和信念，我们可以更好地理解个体的行为动机和表现，并为提升个体的自我效能感提供有针对性的干预措施。

二、自我效能的结构与测量

（一）自我效能的结构

1．依据自我效能划分维度

自我效能是由多维度结构组成的，班杜拉认为，个体在水平、强度和广度三个维度存在差异。

自我效能水平是个体认为自己能够克服完成任务的困难程度的反映，即在行为难易等级中，个体认为自己有能力做好不同难度和复杂程度的任务所需具备的行为等级，简而言之，就是任务的困难程度对个体能力自信的威胁等级。有的大学生的自我效能预期保持在较为容易的水平，有的可以到中等难度的水平，有的表现为对难度更大的任务内心更为期待，这体现了他们的自我效能水平。例如，汉语言文学专业的大一学生可能认为自己有能力撰写一篇一般性的文章，但假如让他完成一篇对社会造成一定影响的新闻报道，他则可能出现对自己顺利完成任务能力的质疑。正常情况下，自我效能感水平较高的大学生会促进自身心理资本的提高，但如果对自我效能水平的认知缺乏客观性和准确性，与自身实际不相匹配，则会影响个体心理成长。具体到个人层面，由于其他因素的影响，个体往往存在较高的自我效能感，但无法应对困难的工作任务，导致心理资本水平受到影响；或者自我效能感比较低，但努力完成了较高难度的任务，从而提高了心理资本水平等。

自我效能强度指个体对确信完成任务的坚定性和自信程度。自我效能强度低的大学生在任务体验与预期不匹配时通常会降低努力水平；反之，自我效能强度高的大学生则会继续保持或增加努力程度。例如，两个大学生平时外语成绩都不错，但是如果要求他们参加英语演讲竞赛时，一个人在参加竞赛过程中，从初赛、半决赛、决赛一关关打下来，困难重重，觉得自己难以胜任，可能很快就放弃了；而另一个人对自己有信心，觉得自己一定能获得好的成绩，所以竭尽全力，一路过关斩将，努力做得更好。可以看出，这两个大学生的自我效能强度存在很大差异。从上面的例子中，我们看出在面临压力情境时，坚持是大学生自我效能强弱的重要特征。如果个体在逆境中能坚持下去，就会逐渐培养出更为坚韧的自我效能。

自我效能的广度反映了一项任务的自我效能是否可以扩展到其他任务或情况。例如，英语成绩不好的学生通过锲而不舍地学习最后提高了英语成绩，从而提高了学习英语的自我效能感，而且这种经验还可以扩展到其余学科的学习中。此外，在取得成果过程中的努力付出也会扩展到其他需要不断努力的情况，例如，技能学习等。从大学生心理资本提升的角度，自我效能广度高的学生应对困境的能力会强于自我效能广度低的学生。当然，自我效能感的广度也与完成任务所需的子技能的相关度有关，相关度越高，自我效能就更容易延展到其他任务。例如，学习数学的自我效能很容易扩展到统计学学习情境，却难以扩展到语文和外语情境。

2. 依据自我效能的任务性质分类

从任务的广度上看，班杜拉将自我效能根据具体任务性质分为三类：一是具体任务自我效能，其指向具体事件的自我效能，是学术界最关注、研究最广泛的领域；二是任务领域自我效能，其范围比具体任务自我效能广，是针对特定领域多项任务的自我效能；三是一般自我效能感，指应对日常学习、生活和工作等问题的自信，是具有普遍性的自我效能。个体的一般自我效能、领域自我效能和任务自我效能呈现塔形结构。同时，自我效能还包括以下信息：①外部因素持续影响三个层次的自我效能感，对任务自我效能感的影响最显著，其次是领域自我效能感，对一般自我效能感的影响最小。②不同任务需要的自我效能感有区别。目标清晰的任务，具体任务效能作用更大，领域自我效能和一般自我效能依次减弱。③任务自我效能是经由个体不断强化，由一般自我效能和领域自我效能递进积累的。④任务自我效能的层次和强度高，但广度小。一般自我效能广度大，层次和强度低，但对心理资本的影响大，领域自我效能处于中间位置。

（二）自我效能的测量

自我效能的测量是学者关注的重点，它反映了自我效能意义和结构，也为研究自我效能与其他关联因素的相互作用奠定了基础。自我效能包括水平、强度和广度三个维度，为此，班杜拉认为，可以围绕这三个维度进行自我效能的测量。

在水平维度下，通常采用二分法来测量，即是与否，要求个体回答是否能够完成不同难度和复杂程度的活动。但测量项目的设计是比较难的，需要提取活动任务或情境，分析内涵以及完成活动的技能和难度。在强度维度，量表会呈现具有差异级别的任务，并进行轻度评估和自身完成活动的信心测试来评估登记。在广度维度下，设计难度主要体现在单一量表项目的广度设计，或者多个能量表测量的效能信念上。广度变化主要表现在以下几个方面：活动的相似度、能力的表达形式、情绪特质属性以及行为取向的特征。

对于自我效能感影响领域方面的测试，学界目前众说纷纭。有学者认为自我效能只针对某些特定领域产生作用，德国心理学家施瓦策尔则提出不同的观点，他认为个体存在一般性的自我效能感，表现为在面对不同环境挑战或新事物的出现时，个体会展现出一种总体性的自信。他与同事着手编制一般自我效能感量表（简称 GSES），经过反复研究，由初期的 20 个项目改进为现在的 10 个项目。目前，GSES 已被翻译成至少 25 种语言，被广泛应用于自我效能的测量。国内学者王才康、胡中锋、刘勇（2001）在此基础上修订了 GSES 中文版，此量表有较好的信度和效度。

三、自我效能的形成与发展

（一）自我效能的形成

自我效能期望来源于哪里？个体关于自己能力的信念是否可以改变与重构？班杜拉论述了效能期望四个主要的信息来源，即成功经验、替代经验、言语说服以及生理和情绪状态（Bandura，1997、2003）。

1. 成功经验

成功经验指个体过去某一活动中成功或者失败的经历，它是个体形成自我效能期望的最重要来源，根据以往的经验来看，成功使人建立起对个人效能的健康信念，而失败，特别是在效能感尚未牢固树立之前发生的失败，则会削弱它（Bandura，1997、2003）。在体育竞赛前突然感到焦虑的学生可能会对自己说，他以前参加过多次体育竞赛，成绩都很稳定，这一次应该也没有什么问题。但是，失败的经历则容易导致效能期待的降低。如恐高症患者在爬梯时总是因为焦虑而中途退却，因为认为自己干不了这事（Burger，2010）。过往的成功经验，会使个体相信自己具备获取成功的能力和条件，从而让他产生超越现在的行为表现成绩，取得更大的成绩。

2. 替代经验

替代经验就是班杜拉提出的社会学习、观察学习，是个体的一种简单学习经验，观察到与自身能力相似的个体在努力后收获成功，个体便相信自身通过与他人相似的路径也能获得成功。正如看到过去高中与自身条件相近的同学在大学里顺利通过英语六级考试，自己可能也会从“我不行”到“他能考过，我努力我也能行”。班杜拉指出，替代经验影响自我效能信念的方式表现为多种具有差异化的形式，如真实示范、象征示范、认知自我示范等。同理，上述示范信息对自我效能的评价也受到个体对信息认知加工的影响。与示范信息的认知加工有关的因素包括行为表现的相像性、特征的相像性、示范的多样性和丰富性、榜样能力等。

3. 言语说服

用他人的言语劝说个体有能力掌握特别的任务，可以在一定程度激发个体在遇到困难或挫折时付出比平时更大的努力，尤其当劝说者是个体的重要他人时，言语劝说是个体自我效能的来源。说服性言语对个体说服力受到个体对说服者的信任程度影响，即说服者是否为专业人员、是否可信、是否更加了解自己。

班杜拉强调，对个体的积极评价需要基于现实，如若提高对个人能力的不真实的信念，即个体根据过高的、与实际不匹配的自我效能期望行事，则更容易使个体失败，并降低说服者的权威性和削弱个体对自己能力的信念，甚至产生自我怀疑。适当高于个体目前能力水平的说服性效能评价可能最为有效。再者，仅仅通过言语说服来建立持续增长的效能感的作用是非常脆弱和短暂的，一旦面对长期的失败，效能感就会消失得没有踪影。

4. 生理及情绪状态

在活动过程中，个体的生理状态和情绪状态会影响自我效能期望。一个男生通过微信或者电话邀约一个心仪女生时，他可能会手心出汗，内心恐惧被拒绝。如果他把这些生理的反应解释为自己太焦虑，不能做好此事，则会影响他的自我效能。但是，如果他观察到，自己在提出邀约时内心非常镇静，他可能会认为自己对约会很有勇气和自信。与其他影响源一样，生理唤醒反应传递的信息本身并不能影响个人效能，关键在于个体的认知加工。例如，将生理唤醒反应感知为个人经验不足而导致事件发展出现偏差，便会比较容易影响其效能知觉；将其感知为一种平常的紧张反应，任何人都不可避免，则出现影响自我效能知觉的概率会大大降低。

基于生理唤醒对自我效能知觉的影响，班杜拉等人指出，通过增强体质、降低应激水平、调适负性情绪，并纠正对生理状态的不合理解释可以增强自我效能期望（Bandura，1991；Cioffi，1991）。

综上所述，成功经验、替代经验、言语说服和生理及情绪状态是建构自我效能的四个重要信息源。班杜拉强调，信息源所传递的信息是原始信息，个体对原始信息进行选择、理解和整合，通过认知加工从而影响个体对自我效能的判断，即个体最终形成的自我效能是基于以上四种信息源进行认知加工的产物。

（二）自我效能的发展

伴随生理、心理以及社会化的不断发展，个体的自我效能也相应发生变化。班杜拉认为，在自我效能发展的每一阶段，个体面对社会环境的新变化、新挑战和新要求，需要不断重估与发展自我效能的信念。婴儿期和儿童期是个体自我效能发展的初级阶段，家庭、同伴、学校的影响对儿童自我效能的发展起着关键性作用；随着青年期和成年期的来临，个体自我效能处于不断扩展与确立的阶段；

到了老年期，个体自我效能判断主要面临着再评估问题。

婴儿期和儿童期是个体自我效能初步形成和确立的阶段。自我效能是通过与环境的互动经验来构建的。婴儿在探索环境并与环境互动的过程中，经由动作性的经验操作，逐渐认识到其行为产生的效应，即通过特定的行为，就会发生特定的事情，如摇动铃铛会发出声响、拍打悬挂玩具可使其晃动等。这种动作性经验可经婴儿的自我探索得知，也可通过替代经验获得，比如婴儿观察身边的榜样施以一定行为获得特定效果，当榜样的示范行为在婴儿能力可及范围内时，婴儿就会采用同样的方式获取同样的结果（Keye，1982）。另外，成人大量有意识的言语指导也会发展婴儿的控制感（Heckhausen，1987）。个人效能的发展不仅仅需要行为产生效应，个体还必须认识到自己是那些行为的动因。当婴儿认识到自己可以使事情发生，并将自己看作身体力行者时，他们就获得了一种个人动因感。

家庭、同伴以及学校是影响儿童自我效能成长的重要的外部因素。家庭在个体生命的最初阶段发挥着重要作用，婴儿大部分的满足与愉悦必须以成人为中介，儿童通过成人达成自己想要却又无力实现的结果。研究表明，父母对婴儿发出的信号反应敏感，为他们创设丰富的环境，允许他们自由探索，帮助他们掌握经验以发展其有效行为，对孩子的社会化、语言和认知发展有很大的促进作用。当儿童逐渐习得语言之后，会以语言作为符号手段来思考自己的经验，理解他人所讲的话语。通过反省思维，儿童开始构建自己能做什么、不能做什么的自我认识。父母及他人对儿童的能力做出判断，也能指导父母可能不在场的情况下儿童的行为。随着儿童生活世界的发展，同伴在儿童能力自我认知中的作用越发突出。在与同伴的社会交往过程中，儿童不断扩展及细化能力的自我认识。首先，同伴之间存在着大量的社会学习，那些有经验和有能力的伙伴能够提供可以仿效的思维和行为方式（Bandura，1986；Perry，Bussey，1984）。其次，由于年龄和经历的相近，同伴可以为儿童的效能判断和评估提供丰富的信息参照源。学校是培养儿童认知能力和社会化的重要场所。学校教育能够促进儿童知识增长、思维能力发展以及个体的社会化。教师的言谈举止及能力判断水平会给儿童提供示范。研究证实，教学效能高的教师，教学质量及学生的学习成绩明显高于教学效能低的老师（张鼎昆、方俐洛、凌文辁，1998）。课堂结构在一定程度上发挥社会比较与自我比较的作用，影响学生认知能力与自我效能的知觉与判断。特别是儿童经教师偏差性评价后，其自我效能会更加减弱。事实上，学校的一些做法，例如成绩分班、能力分组等做法等非常不利于有些学生增强学习效能的信心或信念。

青少年阶段是生命长河中一个关键的转折期。青少年需要完成与适应的转变，包括生理、教育和社会角色三大部分。他们需要学习社会生活所需的各种技能，学会妥善处理各种关系，应对包括教育环境的改变、恋爱与性问题的处理、上瘾行为等高危活动在内的诸多挑战。在青春期之前建构起来的个人效能力量，会帮助他们设法度过危险地带。而经青春期丛林跋涉而来的青少年又再次重构其自我效能信念系统。青少年通过学习如何成功地处理这些全新的、埋伏着潜在危险同时可能又蕴含着机会的生活事件，扩展和加强他们的效能感。这时，如果成人给予青少年一些有益指导，给他们提供对危险境况实施充分控制所需的知识和技能，则有助于青少年有惊无险地渡过青春地带，对增强青少年的自我效能感极为有利。处理问题所获得的成功与心理体验，使个体逐渐形成面对困难也相信自己能行的信念。然而，如果青少年习惯被过度保护，不愿也不敢去面对青春期的一些变化和挑战，或者没有得到有指导的掌握经验，那么，在他们经历难以避免的生活困境时，会感到无力应对，手足无措，会因受到挫折和打击而感到痛苦，产生心理问题和行为问题。

从青少年期到成年期乃至老年期，个体要经历许多身份角色的转换。在成年早期，人必须学着处理更多的社会要求，如恋爱、婚姻、成为父母、职业规划等。而步入中年阶段后，各种生活方式趋于平稳状态，人在主要功能领域的自我效能感便呈现出相对稳定的状态。不过，这一时期，在职业领域里，中年人感到来自年轻对手的压力，技术和社会的迅速变革等也迫使中年人对个人效能进行重估。进入老年后，人自身能力的评价显得更加重要。随着年龄的增长，人的许多身体机能出现下降的趋势，疾病的不时侵扰，传统和文化对老年的思维定式，社会关系的逐渐疏离，都可能影响老年人的自我效能。

尽管如此，老年人也需要维持一种高效能感来更好地生活。这可以通过若干过程来实现。一是运用社会比较策略。老年人和谁做比较，对他们的效能感知差异有很大影响。班杜拉（2003）指出，当老年人在特定功能领域中没有经受重大衰退，又避免与年轻人做社会比较，那他们就可以通过有益的自我比较获得持久的个人效能感。二是有选择性地整合多侧面的效能信息。比如，虽然老年人加工信息的速度有点慢，或者体力有所衰退，但是他们更加睿智，看问题视野更广泛，解决问题的策略更多也更可行。三是有选择性地最佳化和补偿。知识和策略的优势可以弥补速度或精力的丧失。体能不够，则可以简化自己的活动，使得身体不至于产生太大负担，或者重新安排日常生活的环境使之更易管理，以此来实现对日常生活的控制。四是减少个体的活动或采纳新的角色。可以通过从个人专长领域向新的可达成活动转变，来提高效能感。原来的运动员成为教练、媒体评论员、管理人员，原来的卡车司机做调度员和货运监工等，角色改变提供了新的个人效能来源。最后，需要社会共同努力来为老年人创造资源、新的环境和机会，扩展他们的活动领域，使他们可以终生追求新的、富有创造性的活动。

四、与自我效能相关的几个概念

（一）自尊与自我效能

尽管在概念上这两者很相似，实质上却很不同。第一，覆盖面不同。自尊是一个整体的概念，常用来形容一个人在不同情况下对自己的评估；自我效能则是关于特定的任务和内容功能的个人信念。第二，自尊更稳定，是一个类特质的变量，自我效能感是一个动态的概念，随着时间的推移以及新的信息和任务经验的获得而发生变化。第三，自尊基于自我反思评估，如自我的价值感，这种评估通常归于类似智力、诚实等个人特质的知觉。不同之处在于，一个人可能在某些任务中具有较高的自我效能感，而在其他任务中具有较低的自我效能感。

（二）期望和自我效能

自我效能经常被错误地等同于期望理论。期望包含努力绩效期待和行为结果期待，这两者与自我效能的概念均不同。尽管努力绩效期待和自我效能都认同成功的表现依赖于工作的付出，但是自我效能更多地指向知觉到的努力与结果的相关性。自我效能不但在很大程度上基于对个人的能力、技能、知识、先前任务的经验和要执行任务的复杂程度的觉知，而且跟身心反应状态有关。此外，自我效能涉及特定能力，而努力绩效期待则不涉及。

行为结果期待与自我效能之间的区别更加明显。班杜拉指出，效能期待是基于对执行某一特定行为模式的能力来判断的（如我相信我能成功完成这个任务），而行为结果期待是基于行为产生的可能结果来判断的（如我相信我能产生所需要的结果）。因此，自我效能的评估通常在行为结果期待之前产生。

（三）控制点与自我效能

拥有内在控制点的人相信他们能控制自己的命运，认为他们的行为对环境具有影响，对他们自身的行为负有责任；相反地，拥有外在控制点的人认为，他们的生活是由命运、幸运、运气等其他随机因素影响的。班杜拉认为，罗特的概念图式主要涉及的是行为—结果的因果信念，而个人效能指的是能成功完成特定任务的个人信念。

五、自我效能感对个体行为的调节作用

（一）人们的活动和环境选择受自我效能感的影响

人们一般都会倾向于逃避自己认为无法处理的活动与情况，选择做他们认为可以做的事情，并选择进入他们认为可以控制的环境。在选择过程中，自我效能感通过个人价值观、兴趣和能力评估等因素来决定个人的发展方向。例如，在选择职业时，自我效能感较高的人会认为自己有更多的职业选择机会，更有可能积极接受教育为职业做准备；但也存在这样的情况，尽管他有足够的技能，但由于自我怀疑而限制了自己的职业选择。

（二）自我效能感决定个体的动机水平

动机水平反映了个人在任务上的努力和行为坚持的持续时间。对能力的信念越强，就越努力，越能坚持下去。自我怀疑的人会在遇到困难时放弃自己的努力，迅速转向劣质的解决方案以求匆匆完成了事；自我效能感高的人会更加努力地完成挑战。自我效能感会影响个体在经历威胁和压力情境时的情绪和情绪体验。对自己能力有信心的个体在面对潜在的危机不会产生恐慌，也不会令自身的认知活动被干扰；而那些认为自身无法克服潜在危机的个体便会经历高水平的压力，倾向于过多地考虑自己的弱点，并将不相关的环境因素视为威胁。自我怀疑使人经历痛苦和恐慌，并压抑和限制自己，从而影响他们完成现实任务的能力。

第二节　开发路径

苏联著名教育家苏霍姆林斯基曾经说过：“只有学生把教育看作是自己需要而乐于接受时，才能取得最佳的教育效果。”就自我效能的本质而言，它是指个体将自我效能的要求转化为自身的需要。本节就大学生自我效能的转化途径进行讨论。而对于作用机制的了解，可以帮助我们更好地理解自我效能如何激发学生潜力。

一、大学生自我效能感的作用机制

美国著名心理学家班杜拉（1982）认为，自我效能主要通过以下四种方式作用于个体，影响个体的外在行为。

（一）认知过程

个体行为是由思维控制的，思维对于行为的影响表现为预测行为的结果如何。大多数目的行为会受到预期目标的调节和影响，而如何设定期望则受到个体的自我效能的影响，个体的自我效能感越强，设定的目标就越具有挑战性，目标的挑战性程度也构成个体的内在动力过程。个人自我效能会影响其对情境及其所构建的未来情节的判断。具体而言，自我效能较高者会视当前情境为锻炼、成长的机会，他们会想象成功的画面，以此促进现实中的行为表现；而效能感较低者，会将当前不确定的情境视为冒险或危机，并倾向于相信失败和否定的情节（Bandura，1997）。

自我效能还通过归因与个体对行为控制点（locus of control）的感知来影响活动过程中的认知，进而影响活动效率。在归因方面，自我效能感高的人倾向于将成功归因于个人内在的努力和能力，将行为失败归因于个人努力不足。这种思维方式使个人能够提高他们的积极性和发展技能，提升自己的动机水平。从控制的角度来看，自我效能感高的人会觉得自己可以通过努力来控制自己，而自我效能感低的个体会认为行为结果完全受环境控制，他们束手无策。

（二）动机过程

上述自我效能的认知活动往往伴随着动机因素，多数人的动机是由认知产生的，人们会通过目标来激发个人的行为，建立能完成任务的信念，预测可能的结果，同时为自己设定目标并规划行动方案以实现有价值的未来。因此，自我效能在动机的认知调节方面扮演了重要的角色。

动机过程包含三个理论：归因理论、期望—价值理论、目标理论，具体如下：

1. 归因理论

美国心理学家韦纳的归因理论指出，能力、努力、任务难度、运气、身心状态和其他因素这六个方面为个体行为失败的因素。个体对成功和失败的解释会对以后的行为产生重大的影响。有成就需求的个体，习惯于把之前工作的成功归因于努力，把失败归于努力程度不足。反之，对成就需求低的人而言，他们认为努力与成就之间的关系不大。他们习惯于将失败归咎于其他因素，尤其是能力不足，而将成功归咎于外在因素，如任务难度、运气等。如果将成功和失败归咎于自己的努力程度，会增强人的毅力并强化个人随后的努力行为。反之，如果把成功和失败归咎于能力低下、任务太难等原因，就会降低自己努力的毅力。

2. 期望—价值理论

这是动机心理学中最有影响力的一个理论。个体执行各种任务的动机取决于他们对任务成功可能性的期望以及对任务的重视程度。个体预期达到目标的可能性越大，越容易从目标中获取激励，完成这一任务的动机也就越强。

3. 目标理论

该理论认为，目标是一个人尝试实现行动的目的。目标是促使行为产生的最直接动机。选定一个合适的目标会促使人们为之努力，以求实现目标，因此对人有很强的激励作用。尽可能地关注并设定合理的目标是激励动机的一个重要过程。

（三）情感反应过程

当个体面临不利情况时，自我效能影响个体的压力水平以及焦虑和抑郁等情绪反应，而这些情绪反应又通过改变认知过程的性质而影响到个体的活动及其功能发挥。对自己能有效处理环境中的潜在危险有积极预期的个体，在应对环境事件之前不会忧心忡忡；反之，则会忧心忡忡，担心自己无法应对，感觉环境充满危险，他们会经历强烈的压力和焦虑，并产生消极的退缩和回避行为。这些行为限制了个体的主观能动性。依据班杜拉的观点，威胁性并非环境事件的特有属性，它不仅取决于环境本身的性质，还取决于个体应对环境事件的自我效能预期，以及在此基础上实现的应对过程的性质。

（四）选择过程

个体习惯选择他们认为可以有效应对的生活情境，并避免无法控制的情境。他们一旦选择一个环境，这些环境便会对他们的行为和人格的发展产生反作用，而自我效能正是通过这一选择过程影响了个体的人生轨迹和事业成败，这是一种方式。另一种方式是通过个人的行为活动进行选择，如果个人能够运用不同的活动方式来解决交给他的任务，由于不同的活动对技能和知识有不同的需求，个体选择何种活动取决于他的自我效能感。个人在不同的活动中会获得不同的体验。具有差异性的活动方式作为人类普遍体验的不同形式，都有可能转化为个人的直接体验。因此，个人活动的选择决定他的潜力将在哪个方面得到发展。

综上所述，自我效能与个人的外在行为之间，有一些中介历程会影响个人的选择和表现。在行为开始之前，自我效能便影响个人设定目标的高低、活动方式的选择，以及个人未来行动的动机，甚至在遇到逆境时，能否调试个人身心状态、维特行动力都和自我效能息息相关。

二、大学生自我效能的培养途径

教学实践和现有研究均表明，许多学生学习不佳并不是因为他们的智力低下，而是他们对自己的学习能力缺乏信心。而一些学生遇到难题能坚持克服往往是由于他们相信自己有能力战胜困难，所以自我效能对他们是否有良好的学业表现起着关键的作用。根据自我效能理论的相关研究，可以从以下途径培养青少年的自我效能感：

（一）收获更多成功经验

成功经验是影响个体自我效能感最主要的途径。为此，在日常的学校教育活动中，教师应尽力为学生成长创造更多成功的机会，使其产生更多成功的愉悦体验，减少失败的消极体验。在克服困难完成学校任务的过程，帮助他们更好地了解并提高自身的能力。个体在从事某种活动任务之前，通常会在内心评估自己能力与任务的匹配度，判断自己是否具有完成任务的能力和技能。一旦活动达到预期，自我效能感将得到进一步加强；假如未达到预期目标，个体便会对自身产生怀疑，接连不断的挫败会导致自我效能的降低。

为了让学生拥有成功的经验，教师应该考虑以下几点：第一，相信每个学生都有自己的专长和潜力，并通过创造一个平台来探索这些能力，让学生的优势在朋辈群体中得到充分展示，及时给予正积极的反馈和评价，使其养成相信自己的能力的坚定信念。第二，引导学生设定合理、可达成的目标，让学生从自身的变化和进步中对自身能力有正确的评估，看到可实现的成长空间。尤其是对在校表现一般或成绩处于中下水平的学生，应引导他们与过去的自己进行比较，发掘可以令学生引以为豪的方面，个人进步可以帮助他们体验成就感。第三，引导学生进行适度的人际比较。大学生自我意识增强，看重他人的评价，尤其是渴望获得同伴的认可，因此，同伴的进步对自己的进步起着非常重要的推动作用。当学生看到与自己水平相近的人获得成功时，他们会认为自己也可以达成，从而提高自我效能感。第四，引导学生坦然面对失败。正确对待失败与鼓励他成功同样重要，不经历风雨怎么会遇见彩虹。因此，当学生在学习中遇到挫折时，教师不应该过多地评价他们的能力，尤其不要作过多的负面评价，应该引导学生从失败中找到可以改进的因素，并在改进的过程中提高学习能力和信心。

（二）提供良好榜样示范

榜样示范心理机制基于个体天生具有的模仿的天性。榜样学习不仅可以帮助学生通过模仿榜样学习适当的行为模式，而且榜样的思想、情感和行为也是值得学生学习的替代性经验。当观察到适合的榜样时，学生能增强个体的自我效能。同时，所设置的榜样需要符合苏联著名心理学家维果斯基提出的“最近发展区理论”的条件，即所选的榜样并不是高不可攀的，也绝非轻而易举。如果让学生不切实际地与过高的榜样比较，就容易形成自卑心理，对自己不接纳，觉得自己一无是处，从而削弱个体的自我效能。

（三）进行积极归因

个人倾向于探索自己学业成功或失败的原因，并进行相关因果分析，这种关于自己学习行为及结果关系的推论就是归因。研究表明，个体将成功经验更多地进行能力方面的归因，失败时更多地进行努力不足方面的归因，这对提升个体的自我效能感和个人工作绩效有促进作用。

老师在教育活动中要多鼓励学生学会积极归因，提高学习积极性和学习效率。归因训练的主要目的是使学生在成功情境中作出能力和持续努力等内在的、稳定的归因，增加他们对成功的期望和与自我效能相关的积极情绪，并使他们倾向于完成任务。对于失败的任务，则应作出不够努力、方法不当等内部和暂时的归因，以保护学生的自尊和自信心，鼓励他们更加努力学习，探索更适合自己的学习方法。

（四）制定学习策略

教育心理学研究人员认为，有效的学习应该由学习者设定目标、制定计划、积极管理学习时间等，并对他们自己的学习过程进行自我监控。为此，学生在进行学习行为时应有合适的概念和方法，特别是自我激励的概念、方法和策略，以及对自信的主观认识。在学习过程中，学生如果觉得以自己目前的知识水平和能力水平很难完成课业，将导致较低的自我效能感。在此情况下，如果学生具备将这些负面看法转化为积极动机的策略和技能，继续探索的兴趣和努力的动机便不会减少。这说明，学生掌握一定的学习策略有助于提高自我效能感，由于学习策略是工具性知识，会使学习行为更加有效。学习策略是指任何用来提高学习效率的活动，运用学习策略的过程就是学习中自我调节的过程。常见的学习策略包括收集信息、记录和跟踪复述和记忆、设定目标和计划、自我推理、自我评估、寻求帮助、检查笔记、复习和评估测试。培养学生的学习策略，可以使他们的学习行为更加有效，从而提高他们的自我效能感。

（五）合理调节生理及情绪状态

个体的生理状况和情绪反应传递的信息本身并不会直接影响个人效能，此类信息通过认知加工影响自我效能。由于个体的生理状况、情绪唤醒以及相应的认知信念都是可以改变的，因此，教师一方面应重视引导学生进行生理和情绪调节，增强学生的身体素质，教给学生放松的技巧，培养他们的乐观情绪，在面对挫折时不要产生过于强烈的情绪反应，以此改善其行为表现，增强自我效能；另一方面，教师需要注意以身作则，不要把自己的不良情绪带进课堂，要快速调节和管理好自己的情绪，用乐观和幽默的心态进行教学工作，这样也会在潜移默化中影响学生对于学习的态度，以更加达观的状态看待学习，提高自我效能。

此外，还要注意到，自我效能是一个动态发展的过程，每一个学生转化的时机都要因人而异、因势利导，因此，教师要善于发现、把握关键的时机，要注重个体差异，做到因材施教，促进每一个学生自我效能的提升。

第三节　实践操作

本节通过团体心理辅导活动的方法，围绕成功经验、替代经验、言语说服和身心激发四个环节来提升大学生自我效能，更好地服务于大学生心理危机的预防和预警工作。

一、理论依据

（一）探索教育

探索教育起源于1930年德国教育家哈恩创建的外展教育学校，然后在英国发展开来。1954年，第一所海外的外在教育学校于马来西亚创办，1961年传入美国之后，在加拿大、新加坡、中国香港、中国台湾扩展起来。探索教育是根据杜威的经验学习模式，让学生从有趣的活动中体验沟通合作、解决问题，意识到信任、支持、团体动力以及良好品格的重要性，并将学习到的操作经验应用到日常生活中。探索教育是一种学习方法，其意义在于通过活动真实地呈现团队及个人的问题，并进一步思考及改善探索教育的活动，最大的效果是使参与者达到经验学习与行为改变的目标。探索教育的活动及活动后的深度引导讨论，更是引导团队成员联系生活并且逐步理清问题的关键。

（二）自我效能

自我效能感是指一个人对自己能否成功的信念。它是对一个人能力的主观评估，是对一个人完成任务能力的信心水平。自我效能对青少年的学习表现、自我调节学习以及学生学业成就目标的实现均有影响。表5－1列出了高自我效能和低自我效能的学生在生活目标的标准对自己能力的评估，展示了二者在对自己的激励、学业表现、身体状况和适应的结果上的区别。自我效能，可从通过回忆过去的成功经验、替代性学习、来自可信赖的权威人士的言语说服以及身心激发这4种途径来培养。

表 5－1　高、低自我效能的人差异比较

		高自我效能的人	低自我效能的人
特性	生活目标	为自己设立高标准，选择有挑战性、感兴趣的、困难的工作任务。	为了逃避压力，选择容易和轻松的工作任务。
	自我能力评估	对在特定的情境里运用自己的资源，采取必要的行动来完成某一项工作能力的评估，充满自信。	对自己的能力没有自信，无法运用自己的能力。
	自我激励	在困境中能坚持到底，遇到挫折，常认为是自己的努力不够，而不是能力不够。	遭遇困难时，觉得没有能力解决，倾向于放弃。
未来发展	学业表现	学业表现优异。	学业表现普通。
	身体状况	健康的行为比较多，不容易生病。	健康的行为比较少，比较容易生病，有时会出现抽烟、喝酒等行为。
	适应的结果	适应良好，自我成长。	易出现焦虑、恐惧、抑郁。

二、设计思路

根据班杜拉的研究，在设定的环境下接受任务时，每个人都会产生各自的自我效能。这种各不相同的自我效能可以说是一个人在面对情况时表现出的个人特质。面对困难，除非人们相信他们可以经由自己的行动达到他们想要的结果，否则，他们完成的动机并不强烈，甚至没有坚持下去的信心。个人的自我效能感在如何实现目标、任务和挑战方面起着重要作用。

自我效能的形成与发展变化，受成功经验、替代经验、社会说服和生理及情绪反应的影响。这次活动以此为设计的出发点，引发出以下可行及有效的方法，嵌入到活动设计表 5－2 中。

表 5－2　自我效能的来源及提升方法

自我效能来源	提升方法
成功经验	掌握成功的经验；对失败不要过度敏感；经常展现自己的成就；当别人的成功典范；主动追求成功；用逆向、正向的思考解读挫折。
替代经验	观察跟自己类似的人的成功事迹；观赏励志的书籍、电影、电视。
社会说服（积极反馈）	接受他人正面的解释观点；让别人说服自己成功的可能性很大。
身心激发	保持良好的生理状态；维持好心情。

（一）活动目标

通过创设成功经验、替代经验、社会说服及身心激发 4 种途径，培养大学生的自我效能。

（二）活动对象

本活动属于发展性小团体活动类型，通过自愿报名与选拔相结合的方式招募想要提高自我效能的大学生，人数不超过 12 人。

（三）活动时间与地点

活动每周 1 次，每次 90 分钟，共 6 次。
活动地点为学校心理辅导中心小团体心理活动室。

三、活动方案

大学生自我效能提升团体心理辅导活动方案见表 5－3。

表 5－3　大学生自我效能提升团体心理辅导活动方案

次序	活动主题	活动目标	活动流程	自我效能来源
1	快乐相逢	1. 营造团体气氛，制定团体规则。 2. 明晰组员期待，建立团体规范。 3. 引导学生了解自我效能理论。	1. 团体性质简介。 2. 热身游戏。 3. 组员分享参加团体心理辅导的目标，共同制定规则。 4. 讲解自我效能理论并填写《大学生自我效能量表》。	破冰、合作、交流、归属感、信任
2	心灵旅程	1. 回顾成长经历，提升同理心。 2. 归因训练，学会成功经历的内归因。 3. 学习面对困难的经验。	1. 妙笔生花：我最欣赏自己的…… 2. 活动：优点速递。 3. 学会内归因：《成功树》。 4. 困难经历磨砺：回忆的脚步。 5. 作业：观看电影《当幸福来敲门》。	成功经验

（续上表）

次序	活动主题	活动目标	活动流程	自我效能来源
3	榜样力量	1. 了解目标设立的重要性。 2. 观察与自己类似的人的成功事迹，激发内生动力。	1. 心理实验：哈佛大学关于目标重要性的心理学研究。 2. 故事分享：钱伟长学物理；毕淑敏：暴风雨是一个筛子。 3. 分享：我心中的英雄。 4. 作业：观看电影《阿甘正传》。	替代经验
4	生命量尺	1. 培养自我监督能力，建立自信。 2. 反思自己对是非的分辨。 3. 勇敢表达自己的想法，训练说故事的能力。	1. 故事：秀才的梦。 2. 活动：《我的生命线》。 3. 活动：在困境中成长。 4. 播放歌曲《一切都是最好的安排》。	社会说服
5	我能行	利用积极心理暗示，提高成员自信心，提升自我效能。	1. 诗歌朗诵：《我能行》。 2. 心理实验：罗森塔尔效应。 3. 分享积极心理暗示的例子。 4. 积极心理暗示句式转换练习：我无法……/我一定要…… 5. 小结：积极心理暗示的方法（语言暗示、想象暗示、音乐暗示等）。 6. 作业：写一篇题为《我真的很不错》的演讲稿。	身心激发
6	迎接未来	1. 认识梦想对人生的重要意义。 2. 建立自己的人生目标。 3. 珍重再见。	1. 观看短视频：演讲视频《你最幸福》。 2. 梦想实现的条件：勇气和行动。 3. 画出自己的梦想并分享。 4. 活动总结：体验与收获。	整合

第六章　可持续开发的心理资源：希望

名人名言

没有目标而生活，恰如没有罗盘而航行。

——康德

案例导读

在尝试中寻找未来

案例描述

小轶是一个很有想法、做事雷厉风行的人。他喜欢向比他年长、优秀的学长学习，也善于分享自己的想法，虽然他只是大三学生，但是在校内外有不少关系过硬的朋友。朋友经常询问他将来想做什么，这些善意的询问就像一种鞭策，让他时时思考自己到底想做什么。

来自沿海城市的小轶，家里有很多亲戚做生意，在这种环境中成长起来的他也喜欢从商，于是报考了国际贸易专业，想要将来有一番大作为。大一新生都会通过加入各种社团来融入大学生活，他也不例外，但是小轶总感觉忙忙碌碌的社团干事并不是自己喜欢的，他想做些新鲜的尝试。于是，他向学校申请建立一个新的社团，虽然困难重重，但他都坚持下来了，并在第三学期成功完成了各项手续。社团招新吸引了很多同学，他自己忙得不亦乐乎。与此同时，受一些学长和老师的影响，他认为出国读书将使自己获得更多元的教育和训练，将来可以有更好的前景。于是，他又开始热火朝天地准备留学申请，忙里忙外的他被宿舍同学形容为“神龙见首不见尾”。大三时，他急流勇退，将自己心爱的社团交给学弟，专心攻读专业课和英语，打算有一番国际历练。在大家眼里，小轶顺风顺水，就等着拿到录取通知书去海外名校读书了。

但是，只有小轶自己清楚，他内心非常焦虑，经常辗转反侧，难以入睡。家族经商的成长环境让他对从商这件事一直饶有兴趣，究竟是出国读书还是直接创业，这两个选择一直困扰着他，难以做出决定，他感到迷失和彷徨，甚至影响食欲。

在辅导员和朋友的建议下，大三的暑假，他将假期对半分开，一半时间在图书馆全力以赴准备相关证书考试，一半时间用来完成一个项目实习。小铁制定了非常详细的时间表和记录表，打算在假期结束时对学习和工作分别进行评分，根据自己的兴趣和成绩来更好地探索自己的需求。假期结束后，学习和项目实习的付出虽然让小铁非常忙碌和疲倦，但也让他感觉非常充实，记录表和评分表也帮他证实，工作是一件自己更愿意去做而且做起来更加游刃有余的事情。于是，他做出了最终选择，在一片不解和诧异声中坚持了自己的选择，争取到一家世界500强企业工作的机会。

思考讨论

1. 每个人都有希望和梦想，但人生旅途并非顺顺当当，你觉得小铁是如何达成自己的目标的？

2. 你的人生梦想是什么？有具体的实施路径吗？

案例分析

每个成长的年轻人都会经历自我的迷失和对未来的彷徨，有的人没有很好地思考和规划，没有向周围的师长寻求建议，他们在寻找自我的路上用了很多时间；有的人则会及早为自己进行规划，积极求助于外界，帮助自己保持清醒的认知，做出符合自己意愿与能力特点的选择，小铁就是这一类人。他的成长环境和家庭环境为他提供了商业氛围，培养了他与人交往的能力与积极寻求尝试的性格，他对经商这件事也不排斥，这些来自家庭的社会支持充足而稳定。进入大学之后，他主动结交比自己年长的朋友，不断从朋友那里得到的反馈与建议，帮助他快速成长，这些人为小铁在学校环境中提供了新的社会支持。在来自家人、朋友的支持下，小铁也有良好的规划和实践，这使他可以集中自己的资源和能量来做自己想做的事情，这是他的自信与勇气的成长土壤。他有目标、有计划、有行动、有创意，这些付出为他带来了相应的回报。经过大学四年，小铁全力以赴去做自己喜欢的事情，大胆尝试不同的选择，最后依照自己的兴趣和能力作出了决定。

综上所述，小铁是一个有希望、有目标，并且在不同时期能够积极调整目标的年轻人。而确立目标是生涯规划的关键，一个人只有在充分了解自己与外在环境之后，才可能制定适合自己的目标。目标不是一成不变的，个体需要根据对自己的了解以及所处的环境适时调整目标，才能逐步实现不同阶段的短期目标并最终实现长期目标。在本案例中，小铁积极地为自己寻找目标、确立目标，在实现目标的过程中不断地调整，不断突破自己，一步步实现自己的生涯规划。

当前社会竞争日益激烈，大学生承受着这方面的压力，内心困惑迷惘，对未来缺乏信心和希望。美国积极心理学家斯奈德（2002）指出，当缺乏希望时，自信、热情等积极情绪会相应减少，对压力和挫折的适应能力也会下降，甚至会出现严重的心理危机。希望作为一种积极的心理特质和状态，对于个体的社会适应和发展具有重要的价值和意义。因此，高校需要从希望的积极心理学角度关注大学生的身心健康与发展。探寻个体希望的心理结构与运作模式，为培育大学生积极心理品质提供了理论保证和方法指引，也为改善大学生心理健康水平和做好心理危机预警提供了科学依据和操作路径。本章基于积极心理学的视角，在希望理论探讨的基础上，系统地研究团体心理辅导训练模式，这对提高新时代大学生的希望水平、完善新时代大学生心理健康教育的方法和实践，具有重要的理论价值和实践意义。

第一节　希望的研究

一、希望的定义

“希望”一词是我们耳熟能详的，也是社会科学研究中广泛使用的重要概念之一。随着对希望的研究不断发展和完善，西方国家认为希望是对可以实现或可以得到事物的期望，以及在此基础上产生的积极动机和行为。《现代汉语词典》也认为，希望是个体心里想达到的某种目的或出现的某种情况。

（一）希望的哲学概念

哲学领域对希望的研究较多关注人类对自身生命价值的判断和对理想生活的界定与期盼（董震，2011）。德国学者布洛赫是第一个从哲学层面探讨分析希望的哲学家，其著作《希望的原理》为希望哲学的研究奠定了基础，同时他提出了“人是希望的承载者”“人活在希望中”等观点，对于没有希望的人来说，“学会感受希望很重要”。

马克思主义哲学批判了基督教末世论的观点，摒弃了不切实际、想象和超验的希望原则，将希望从幻想中拉回现实，使希望成为一种具有现实感的认知价值。他认为，希望并非根植于来世生命信念的幻想，而是根植于现实的理论和实践。通往幸福生活的钥匙应该掌握在自己手中，并通过工作在改造自然和社会的实践中发现希望的价值和意义。

（二）希望的心理学理解

截至20世纪末，社会科学领域对希望的定义至少已有26种。根据不同研究者的探索，希望的定义大致可分为三类：第一，希望是一种积极的情绪；第二，希望表现为对目标的积极实现；第三，希望涉及情绪和积极的感知。即从情绪情感论、认知论和整合论三个方面，对希望进行定义。美国学者阿弗里尔的情绪情感论认为，希望是一种个体的心理情绪情感，可以维持个体在困境中保持信念的力量；美国积极心理学家斯奈德等学者的认知论强调希望的认知属性，认为希望是一种个体积极的心理认知，是个体支持自己朝向目标行动的理想和信念；美国学者邓肯从整合的角度出发，同时强调了希望的情绪情感属性和认知属性。

由于不同学者对希望的心理结构和性质的理解存在差异，因此，学界对希望这一概念的理解出现了偏差。作为人类的基本心理现象，希望是个体对动机和途径的认知评估，是实现目标的积极情绪体验。本章对希望的定义，以情绪理论、目标导向理论和认知效用评估为出发点，假设希望是个体的积极心理预期，包含心理的积极情感以及个体的目标导向—利益认知评价系统。

二、希望理论的研究状况

当前，心理学界对希望理论的研究主要包括以下几种：理想与现实平衡论、多维结构论、多水平网络结构论、资源保存论、认知评价论。基于文献整理与分析的基础，我们发现每个理论都是相互关联的，但也都有各自的侧重点，具体如下：

（一）理想与现实平衡论

理想与现实平衡论侧重于个体的美好理想与困难现实达成自我平衡的感受。美国学者法兰和赫斯把希望作为人们生活水平的反映，认为希望是具有普遍性的心理活动。个人希望是美好理想与困难现实之间进行心理平衡的产物。个体在经历现实生活困难时，会利用自己的精神力以及潜力，运用适当的方法应对现实的困境。希望的本质在平衡论中包含四个重要因素：经验过程、激励过程、理性思考过程和相互作用过程。经验过程反映的是个体在各种情境中的尝试和努力的感受；激励过程与个体的心理信念不可分割；理性思考过程集中于实现个体目标与现实资源的平衡；个体希望会在社会环境的相互作用中受到他人的影响。

（二）多维结构论

美国心理学家米涅尔·卢森堡等（1988）将希望视为一种多维度心理结构，认为其不仅包含社会关系层面，还包含心理层面。他们研究得出，希望应包含以下八个方面的基本内涵：

（1）人际交往中的亲密和归属感，例如关怀、分享和被需要。

（2）在生活的各个方面避免绝对的要求和不合理的信念。

（3）展望美好未来，期待积极成果。

（4）确立并实现目标。
（5）幸福感的主观感受以及应变能力。
（6）追求有价值、有意义的人生目标。
（7）从认知方面感知与希望相关的体验。
（8）激活身体和精神能量。

（三）多水平网络结构论

意大利学者安东内拉·希奥利等（2011）将希望视为由四个子系统组成的网络结构，分别是生存价值、精神系统、控制感和依恋感。希望网络结构中的各个组件是交互的，通过前瞻性预测机制（开发）和反馈过程（维护）来调节子系统。当一个子系统运行时，它会向其他子系统反馈信息，比如一个人拥有强大的控制感，那么他的生存价值、精神力量和依恋感都会受到这个子系统的影响。相应地，个体的控制感、依恋感与生存价值也会影响其精神系统的发展。

（四）资源保存论

这个理论关注个体在面临困境时能维持自身良好资源的能力，具有积极心理学的内涵。美国心理学家霍布福尔等（1989、1986）认为，应激一般在三种情境中发生：投入资源没有回报、资源丧失以及资源受到威胁。他们将资源分为四类：一是个人资源，包括能力和经验等；二是社会资源，包括社会地位和人脉等；三是客观资源，即财产等；四是能量资源，包括乐观、自我效能等。

资源保存论被提出后，研究人员探索何种资源可以帮助个人适应环境，并提出社会和个人的各种资源，例如毅力、自我效能、社会支持、乐观等。其中，自我效能和乐观被视为单一性保护资源，而毅力被视为复合性保护资源。例如，毅力可以提高一个人对威胁的内在控制力，激励个体承担责任并积极应对压力。

作为积极心理学领域的主要内容之一，希望是个体适应环境的重要保护性资源。多项研究结果显示，希望可以作为个体重要的缓冲器，缓解个体在创伤和压力中受到的伤害。此外，希望还能对大学新生心理适应有显著的预测作用。

（五）认知评价论

1. 希望

20 世纪 80 年代，随着积极心理学研究蓬勃发展，心理学的研究方向开始转为关注普通人的积极品质和潜能，美国积极心理学家斯奈德等人（1991）提出了希望认知评价论。该理论强调，希望是一种积极的心理动机状态，源于个人内心的成就感，包括以目标为导向的能量及实现目标的计划和途径。它对教育、医学，尤其是会对心理健康教育与心理咨询这两个领域产生重要影响。希望认知评价理论建立在以下三个要素的基础之上：

第一，目标是心理活动的结果，是个体精神活动的支撑点。这也是斯奈德希望理论的立论点。目标具有特定的价值，而行动的具体执行取决于目标的确定，它激发个体的动机意识，促使个体进行一系列为实现目标的努力及与价值评估密切相关的行为（刘梦超、黄希廷，2013）。

第二，目标既可以是重大、长期的，也可以是简单、当下的。目标越具体、越明确，个人就越容易有针对性地制定合适的实施方法和策略，达成这类目标比较容易；相反地，当目标不明确时，个体在追求目标时容易产生迷茫和无助，进而难以寻找到高效的方法和策略，导致个体停滞或放弃目标。

第三，目标可以细分为多个子目标，这有助于个体增强实现目标的动力。当个人对较小的目标有更可实现的感知时，相应地会产生次要目标的动态思维和路径思维。高希望特质个体往往会设立更多目标，这些目标的挑战性和不确定性会比以前自我实现的目标更强。在设立目标时，个体只有在目标具体、可实现、可衡量和有意义的情况下，才能有效地实现目标。

2. 路径思维

路径思维是指引个体实现目标而发展衍生的相关方法、策略和路线的能力（Snyder，1994），即个体心理层面对自己有能力找到合适途径达到预期目标的信念和认知，上述能力可以帮助个人找到一种或多种有效方法来实现他们的目标。

路径思维的关键在于每个人都可以依据自己的特征绘制一条路径来实现目标。对于每个目标，可能存在不同的通往路径，但是个体首先要确定一条路径达成他的目标。在达成目标的过程中，如果他觉察到这条路很难达到目标，便会想办法尝试另一条路。在确定实现目标的主要路径时，路径思考水平高的人认为自己可以做得更好。他们相信自己能寻求出多种达成方法，同样，当主要路径受阻时，他们变换路径的能力也较强，能够随机应变；而那些路径思维低的人，当他们在追求目标的过程中遇到障碍时，就会陷入痛苦的泥潭，无法动弹。抱有高度希望的人将越来越多地使用不同的策略，考虑可能的障碍并找到解决方案，以确保可以实现目标。路径思维的能力是建立在以往找到实现目标的方法的成功经验的基础上的。个人根据目标和与之相关的路径在脑海中组织信息。当个体为实现目标而设计的初始路径被阻塞时，以往的成功经验会增强我们想象新路径的自信。

3. 动力思维

动力思维是一种内在的行为驱动力，驱使个体采取行动并朝着目标前进（Snyder，1994）。动力思维对于希望不可或缺，无论个人设定的目标路径有多好，如果失去动力思维来启动和维持实现目标所需的努力和承诺，则任何目标都无法实现。动力思维会对个体感知造成影响，使个人能够根据他们期望实现的目标采取行动，保持动力。个体觉得目标越重要，个体的动机就越强。然而，个体的动机并不是一成不变的，它会根据个体以前的知识和经历而发生不同程度的变化，当人们在追求目标的过程中遇到困难时，他们会通过动态思维来衡量并在心中产生克服障碍的力量，大多数能够克服困难的人都是意志力坚定的人。

高动力思维水平、积极性强的人的通常想法是“我能做好这些事情”“我决心想达成我的目标”“我能够克服这些困难”；而低动力思维水平、积极性低的人通常会有以下自言自语——“我做不到”“我无法克服这些问题”。当初始路径受阻时，动力思维会推动个人找到合适的替代路径。

希望作为一种认知特征，是目标导向的动力思维和路径思维的融合。斯奈德等人对希望理论的阐释可以用一个图来理解（图 6－1）。同时，希望也是一种积极的动力状态，它源于动态思维和路径思维的相互作用，“不仅反复出现，而且相辅相成”（Snyder，2002）。这一特质体现了希望的相对性，即希望不仅是一种相对稳定的人格特质，而且在一定程度上受到环境的影响。

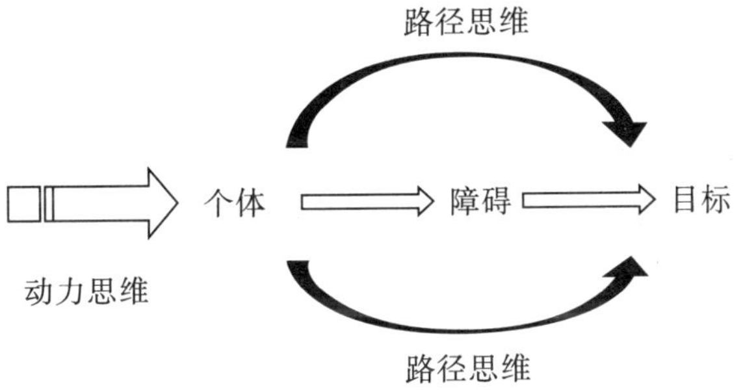

图 6－1　希望理论

三、希望本质与希望定义的界定

由于研究视角的差异，研究者对希望的定义有不同的理解。当研究对象为弱势群体时，研究人员会将人际关系等外部资源纳入希望的研究范围（Hannah，2013；Bruce，Christina，Tone，2011）。这时，希望的目标是避免现有资源的损失，通过人际支持和外部资源来减少个体的绝望，给个体带来希望。所以，基于心理危机干预研究的角度，本书会更加接纳美国心理学家米涅尔·卢森堡等学者提出的希望理论模型，为处于危机当事人提供人际支持和外在的资源渡过危机。

针对健康群体的希望研究，学界更多采用斯奈德的希望认知理论及其编制的测量工具；但是，认知评价论也存在一些不足，如过度聚焦个人原因，没有充分考虑个人在追求目标的过程中会与家庭、社会环境和文化氛围等外界进行互动。同时，理论模型也受到研究者的质疑：首先，斯奈德认为希望是一种认知结构，忽略了情绪情感是希望的重要因素；其次，斯奈德假设路径思维和动力思维在实现目标的过程中发挥着相同的作用，但其他研究发现动力思维对个体的状态希望的影响更为显著（Fredrickson、Tong、Chang et al.，2010）。

综上所述，为了突出希望概念的情感属性和认知属性，这里选择美国积极心理学家斯奈德的希望认知理论和美国心理学家米涅尔·卢森堡的希望情绪情感理论作为希望研究的基础，希望被定义为个体的希望情绪（状态性希望）和希望情感（希望特质）。

四、希望的影响因素

希望的影响因素分两类：一类是影响希望静态形式—希望特质的因素，主要是长期且稳固的影响因素；另一类是情境刺激的影响因素，主要影响希望的动态表现形式，即状态性希望。诸多因素影响希望特质，如个体人口学变量和心理品质，还有社会环境、文化氛围。当前研究热点集中在心理品质和人口学变量方面，只有少量研究涉及环境氛围。影响状态性希望的因素除了长期稳固的因素，还包括不断变化的情境刺激。

（一）希望特质与状态性希望的关系

美国积极心理学家斯奈德提出了希望特质和状态性希望两个概念，从稳定与变化两个层面，全面地描述了希望这一复杂的心理现象。希望特质，被视为一种稳定、内在、持久的情感体验。它是个体长期形成的，具有跨时间和跨情境的稳定性，反映个体在一般情况下对未来的积极预期和信念。这种特质性的希望使个体在面对挑战和困难时，能够保持一种持久、内在的动力，推动他们不断前进。状态性希望，则是一种即时、波动、外显的情感体验。它是个体在特定情境或事件中展现出来的，具有较大的情境性和变化性。状态性希望会随着环境、任务难度、个人情绪等因素的变化而波动，反映了个体在特定时刻的希望水平。

一些学者通过实证研究，探讨了希望特质和状态性希望之间的关系。这些研究发现，希望特质和状态性希望并非彼此独立，而是存在着特定联系。一方面，希望特质的形成需要状态性希望的不断累积，通过多次在特定情境中的积极体验，个体逐渐形成稳定的希望特质。另一方面，状态性希望在不同具体情境中的变化范围受希望特质的影响，具有稳定希望特质的个体在面对困难时更可能展现出较高的状态性希望。一项关于运动员的研究发现，状态性希望和希望特质与运动员成绩之间存在显著相关作用（Curry L A，Snyder C R，Cook et al.，1997）。作为希望的两个层次，希望特质和状态性希望之间存在相互影响关系。

（二）状态性希望的发生条件

1．基本前提条件

状态性希望是个体在特定情境刺激下针对特定目标的达成产生动力和策略的情绪体验。在特定情境中，目标是个体产生状态性希望的启动开关。但是特定目标也不一定能使个体产生状态性希望。美国学者加尔万（2004）的研究表明，某些目标无法引导个体产生实现目标的激情，他们也不会想方设法地去实现这个目标。例如，大学生对某项以赚钱为目标的情境不会产生明显的状态性希望，因为赚钱不是他们在大学生活中最主要考虑的因素，学业、成长、就业，恋爱才是他们关注的目标。因此，目标情境是状态性希望发生的前提条件。

2．认知条件：目标导向—利益认知评价

我国学者卢家楣（2006）的研究显示，情绪是个体认知评价客观事件是否符合自身需要和预期而产生的一种态度体验。个体受到情境刺激后会对目标导向的本质进行认知评价。情境只有符合个体心中的“希望”标准，个体才会产生状态性希望。

认知心理学家拉扎勒斯认为，个体在希望情境中是否会产生状态性希望，取决于个体对希望情境和生理唤醒的判断与评估，比如，希望可能性的大小、对环境的要求、个体拥有的发展资源等，且这种评估是在个体无意识状态下发生的，当个体拥有和当下希望情境相似的经历时，个体会根据以往经历对当下的希望情境做自动化的解释与评估。

希望情绪情感理论家赫特、美国心理学家米涅尔·卢森堡（1988）认为，个体在受到情境刺激时是否能够产生状态性希望，目标导向性是最重要的决定因素。希望是针对未来目标的一种积极预期，它具有促使个体产生积极向上、奋发努力情绪的能力。其中，目标的实现是希望的情绪读表，可以反映个体实现目标所产生的成就感和幸福感。在什么情况下，人们可以更容易体验到希望？在一项认知影响希望的研究中发现，65% 的人在特定情境中能否产生希望体验，受到希望三个因素的影响，即目标实现的可能性、达成目标的途径策略、实现目标的动力和激情。这个结论也支持了目标导向假设。

通过上述研究可归纳出，个体在特定情境中会对情境目标的实现进行三方面评价：一是目标实现的可能性和利益；二是实现目标的策略；三是实现目标的动机和激情。我国学者李永慧（2017）将希望的认知过程组合成一个综合系统变量，称为目标导向—利益认知评价，它会导致个体的状态性希望发生变化。此外，个体的目标导向—利益认知评价的结果不仅受到希望情境氛围等外部因素的影响，也与个体心理品质、价值观、需要和动力等个体内在因素有关。

3. 环境影响因素——环境氛围

在状态性希望发生过程中，环境氛围起着重要作用。美国学者奥尔托纳等（1988）提出，当个体所处环境是一个积极进取的环境，并且对个体要实现的目标持有肯定、支持和欣赏的态度时，个体更容易产生状态性希望。由此可见，当个体确立自己的奋斗目标和方向时，除了对目标、策略和动力进行评价，还会关注这个环境中其他人的看法与评价，这种评价会影响个体状态性希望的体验和水平。环境氛围取向是个体在生存环境中的主要适应方式，在中国人心目中，家庭氛围、社会氛围、工作氛围等都是影响自己的环境氛围，环境氛围不仅影响动力意识，而且也会对实现目标的策略产生影响。综上所述，个体心理品质、价值观、需要和动力等是影响状态性希望发生的内在心理因素，环境氛围是影响状态性希望的外在因素。

4. 其他影响因素

（1）人口学因素对个体希望特质影响

人口学因素对个体希望特质的影响主要体现在年龄、性别以及生活环境等方面。一项研究以中年人群体为希望特质的研究对象，发现男性的途径因子得分显著高于女性，动力因子的性别差异不显著，这表明希望特质途径策略在性别维度上有显著差异。美国学者韦尔斯（2005）对青少年和中年人两个群体的希望特质进行研究，发现中年女性的动力意识得分高于男性，但在途径因子上差异不显著，而在青少年群体中，两个因子的差异均不显著。我国学者田丽娟（2008）对中学生的希望特质进行研究，发现希望特质及其途径策略存在显著的性别差异和城乡差异，男生希望特质总得分及路径、动力两因子水平都显著高于女性。大城市中学生希望特质及途径因子得分显著高于农村中学生。我国学者陈卓（2010）对大学生的希望特质进行研究，发现大学生希望特质的两个因子在性别变量上不存在显著性差异，但在生源上存在差异，来自城市的大学生的希望特质显著高于来自农村的大学生，而且途径因子的差异更加明显。但有其他研究发现，不同人口学因素并不影响希望特质和两个因子的水平。我国学者徐强（2010）的研究发现，人口学因素，包括年级、性别、专业、来源地等，对大学生希望特质的主效应均不显著。

（2）个体心理品质对希望特质的影响

学界主要从人格特质、价值观、需要和动力、自我效能感、情绪情感等方面对个体心理品质对希望的影响进行探讨研究。诸多研究证明积极心理品质影响希望特质。美国学者伍德等（2007）在希望特质对社会支持、压力挫折、抑郁焦虑情绪的作用研究中发现，希望特质与个体适应性存在高相关，适应性强的个体更容易形成较高的希望特质，其他积极心理品质和希望特质也有着非常重要的联系。研究发现，个体幽默感与希望特质具有显著的相关性，具有幽默感的个体可以积极地面对和处理生活压力，对未来持有积极乐观的态度（Amau，Vilaythong，Rosen et al.，2003）。其他研究表明。自我效能感对希望特质有重要影响（Adelabu，2008；Phan，2009、2013）。自我效能感高的个体会有更清晰的目标，而且可以高效地完成目标，因此他们具有较高的希望特质水平（Phan，2013）。还有研究证明，个体情绪情感状态与希望特质显著相关。一项针对多名大学雇员的研究发现，雇员每天的情绪状态与他们的希望特质水平显著相关，经常具有积极情绪的雇员，他们的希望特质水平相对较高（Ouweneel，LeBlanc，Schaufeli et al，2012）。另有研究表明希望特质与自尊显著相关，高自尊个体社会适应能力强，自身能力和自我价值评价高，容易体验到状态性希望，进而影响希望特质（Emmons，Shelton，2005）。目标认知评价也受到个体希望特质的影响。一项研究证实个体希望特质对目标认知评价有重要影响作用，个体希望特质水平越高，个体感受到的目标就越清晰具体（Feldman，Rand，2009）。一项关于大学生目标取向和希望特质关系的研究发现，希望特质对目标取向具有显著影响作用，个体希望特质水平越高，目标取向越清晰（Peterson，Gerhardt，Rode，2006）。

（3）家庭环境氛围与社会环境氛围对希望的影响

我国学者秦桔（2009）的研究表明，家庭结构对大学生希望特质存在影响。从与父母共同生活的时间段来看，幼年时没有与父母共同生活的大学生希望特质动力因素显著低于幼年和父母共同生活的大学生。完整家庭大学生希望特质路径因素显著优于单亲家庭大学生。何安明和惠秋平（2010）研究发现，家庭经济条件对大学生希望特质水平具有影响作用，家庭经济条件良好的大学生，其希望特质水平显著高于家庭经济条件一般和较差的大学生。

环境氛围和社会支持对个体希望特质的影响也很显著。我国学者刘晓岚（2008）研究证明，社会支持直接影响个体希望特质，大学生希望特质与社会支持呈显著正相关。王建平（2011）研究发现，同伴的支持与帮助对青少年希望特质发展具有明显的影响作用。在学校连接（教师支持和学校归属感）和社区方面（社区安全社区满意度），教师的支持帮助和学校归属感、社区环境氛围和满意度都影响青少年希望特质的形成与发展。

五、希望的测量

希望既被视为一种相对稳定的心理特质，也被看作一种暂时的心理状态。许多测量希望的现有工具都集中在测量希望特质的属性上，而对不稳定状态的希望的测量相对较少。测量方法一般采用自陈量表。斯奈德及其同事根据希望理论来研究希望量表的编制，促进了心理学领域实证性希望研究的发展。希望量表主要有成人特质希望量表（Adult Dispositional Hope Scale，ADHS）、成人状态性希望量表（State Hope Scale，SHS）、儿童希望测评量表（Children Hope Scale，CHS），具体如下：

（一）成人特质希望量表

该量表的性质为自陈量表，共由12道题组成，适用人群年龄为15岁及以上。该量表在运用时需要标记为“关于目标的量表”。该量表的初始计分方法为4点计分（1分是完全不符，4分是完全符合），让被试评估项目内容与跨时间跨情境的自己的情况，用分数匹配出目前的状况。当研究人员想增加量表准确性时，则会使用8点计分。4点计分的得分范围为8—32分，而8点计分的得分范围为8—64分。其中，4题（第2、第9、第10和第12题）测量动力思维维度；4题（第1、第4、第6和第8题）测量路径思维维度；还有4题（第3、第5，第7和第11题）是分散受试者注意力的题目，这4项为干扰项，不计入总分。动力思维和路径思维维度相加，得到希望总分。该量表英文版的信度值为0.74—0.84，重测相关系数为0.80，显示出良好的构想效度。研究者随机抽取了6组大学生以及2组正在进行心理治疗的患者进行测试，得出问卷内部一致性信度为0.74—0.84，10周重测信度在0.80以上。量表的主成分分析和验证性因素分析都证实了两个成分（路径思维和动态思维）的存在。

（二）成人状态性希望量表

该量表共6个题目，其中，3个题目测途径，3个题目测动力，采用8点计分方式，要求被试对他们最近一个月的希望感受进行评价。量表内部一致性 α 系数为0.82—0.95，量表区分效度、结构效度良好。状态性希望测评量表作为测量波动心理状态的工具，重测一致性较低。例如，相同样本间隔2天的重测信度为0.93，间隔30天的重测信度为0.48（Snyderet，1996；刘孟超、黄希庭，2013）。

（三）儿童希望测评量表

自我评估量表基于斯奈德的希望理论，分为途径策略和动机意识两个维度，由六个问题项目组成，主要针对7—16岁的青少年和儿童。如果被试在测量过程中出现阅读困难，测试者可以大声朗读问题选项，被试只需在问题答案上标出相应的选点即可。该量表采用符合一般心理自我报告量表基本要求中的6点效度评定系统。我国学者赵碧华、孙燕（2011）在中国儿童样本中翻译修订了中文版儿童希望评估量表，评估结果良好。一致性 α 系数为0.74，4周重测信度为0.72。

国内研究者也依据斯奈德的希望感量表，面向各群体建立了相应的量表。石国兴和田莉娟以770名中学生为施测对象，对斯奈德的量表进行汉化修订，发现修订后的量表能够解释中学生群体的希望感。此外，其他学者针对不同群体也编制或修订了希望感量表，例如丁楠的《大学生希望感量表》、彭月君的《研究生希望感量表》以及王伟梁针对特殊人群的《精神分裂患者希望感量表》等。这些量表的建立进一步发展了斯奈德的希望感理论。

六、希望的相关研究

研究者主要在积极心理学范畴开展对希望的相关研究。希望与生活满意度、身心健康、应对方式、人际关系等都有较为明显的联系，具体如下：

（一）希望与成就

研究发现，希望能显著预测个体的成就。首先，关于学业成就，研究人员发现，学生的学业成绩与希望特质水平显著相关。高希望特质的学生具有明确的目标，并对目标持有积极的认知评价和更高的期望水平，成绩也更加优秀，辍学人数也更少。高希望特质学生相信自己能够达成目标，且在承受失败体验之后会保持更多积极情绪，使其产生积极的心理能量，坚定信心，不懈努力。一旦达成目标，由此带来的成就感和积极情绪就会增强其动力思维（Hal S，Shoreya et al.，2007）。希望感高的个体，对学业充满自信，希望能够很好地预测个体学业倦怠水平（杨丹，2016；卢春丽，2017）。在学生运动员中，更高的希望水平和较好的运动（学术）成绩呈正相关（Curry，Maniar，Sondag，Sandstedt，1999），甚至在统计上控制他们自身运动能力后也是如此。在工作成效方面，希望也显示出其心理效应。相关研究证明，高希望特质的管理人员、销售人员、经纪人的工作绩效都较高（Peterson，2008）。

（二）希望与生活满意度

研究发现，希望特质是生活满意度的重要预测指标。瓦尔等人在一项针对大学生的研究中发现，个人希望特征与一年后个人生活满意度仍存在显著相关。埃利奥特等研究还发现，希望与良好的功能、应对技巧和生活满意度密切相关。希望感与积极应对策略、自尊、主观幸福感呈显著正相关，与消极应对策略、心理控制源、抑郁、焦虑呈显著负相关（徐强，2010；蔡瑶瑶、占丹玲，2018）。高希望水平员工的工作满意度和心理健康水平较其他员工有显著差异（Rand et al.，2020）。

（三）希望与身心健康

大量研究表明，希望特质是个体预防身心疾病的重要资源。希望有激励作用，可以增强个人面对困境的勇气，相信困难只是暂时的。高希望特质者具有较强的免疫系统、良好的健康状态（Cousins N. 1989），能更快速地从意外的身体伤害中恢复，更好地适应和调节慢性疾病（Elliott，1991）。高希望特质者通常用幽默和自嘲的方式减缓压力，对未来积极乐观，他们的抑郁和焦虑程度较低。为此，希望特质干预在心理咨询和治疗领域被广泛关注和应用。希望还可以帮助癌症患者增强心理弹性，提升其自我护理能力及生活质量（张爽、马丽、李宁珍，2022）。更高水平的希望与目标实现，与身体疾病、学习成绩以及对生命意义的感知等有关。希望在学生健康领域中扮演重要角色，如高希望水平的哮喘儿意能坚持接受治疗（Berg，2007）。希望与敌意、自杀等呈现负相关（Snyder，2002），且另有学者发现，在抑郁和自杀行为中，希望感可以起到重要的中介作用（Hirscheet et al.，2012）。希望感的提高可以提高个体的心理健康水平（罗军、王燕菲、禹玉兰，2012；罗月英、王才康、闻明，2016；周艳芳，2017）。在面对一些事件时，希望感对于个体自身还有调节作用，个体希望感越低，越容易产生负性情绪，会更加无望、郁闷和悲观；希望感高的人会更加乐观，更易面对和调整突变和意外，心理健康水平更高（丁楠，2017）。

（四）希望与应对方式

希望可以帮助个体采取正确的方式处理问题。根据希望的相关理论，希望特质与个体对自身资源的评估有关，希望路径思维与个体的应对方式有关，多路径策略会帮助个体寻找到应对的方式，对自己的反应有信心。研究表明，无论是健康还是生病，希望特质高的人可以使用积极的应对方法来应对各种生活挑战，提高希望特质可提高个体的应对能力（Horton T V et al.，2001）。

我国学者陈洁、陈海贤对贫困大学生希望特质的研究，证实了希望可通过对应对方式的影响提高个体的幸福感和积极的情绪体验，并建构希望心理结构理论模型。郭燕杰研究发现，五年制大专生的希望特质与积极应对呈显著正相关（郭燕杰，2012）。

（五）希望与人际关系

根据斯奈德的希望理论，希望对于理解青少年如何与别人相处是十分重要的（Robert et al.，2005）。希望特质的有目的性的路径和动态思维会影响亲密关系中的思维、感受、期望和行为。儿童的目标和策略可以预测儿童的友谊状况。报复朋友与缺乏朋友和友谊质量极差呈现显著性相关（Rose，Asher，1999）。具有高特质水平的人预计会更友好并拥有更好的人际关系，他能够从他人的角度看待问题。这种能力对有效沟通具有促进作用，并促使他们从双方关系的共同目标中完成任务（Snyder，Cheavens，Sympson，1997）。

孩子们的希望表达通常以“我想……”开头，但很快发现想要实现的目标往往需要与他人互动。他们逐渐了解到，如果需要别人的帮助来实现自己的目标，他们应该相应地提供帮助，孩子们还学会说服朋友分享他们的目标并与朋友协调。

我国学者马苏臻（2014）针对上海地区初中生做的研究发现，希望特质与友谊质量呈显著的正相关，这说明中学生希望特质的发展水平更高，更能在与朋友的友谊关系中设定合适的目标，他们经常感受到友谊的需要，朋友们也及时给予正确的肯定和回应。他们在朋友需要帮助时提供帮助，在发展友谊的过程中遇到问题或冲突时，会想方设法解决目前的问题。因此，希望特质的动机维度和路径维度与友谊的积极维度呈正相关。由此可见，建立和维持友谊既涉及正确有效的动机，也涉及方法。

希望特质中的动力思维与路径思维与友谊的负向维度呈负相关关系，即动力思维和路径思维水平越高，友谊的负向维度越低，友谊关系越健康、稳定。这恰恰说明了一些希望特质发展较差的初中生往往无法找到合适的方式来处理友谊、生活中的冲突和背叛。希望特质发展水平较差的同学在以往的交流经历中没有形成任何可供参考的经验。他们觉得自己的行为不如朋友，他们将暂时的冲突归咎于自己。

希望特质的水平对友谊数据有显著的预测作用。希望发展水平高的中学生通常可以为他们的朋友提供持续优质的友情，帮助他们管理友谊关系并制定有效的策略来增进友谊。即使遇到困难，也总有信心和能力去解决，而且往往可以很快地把自己从消极的境地中拉出来。因此，研究人员认为，希望特质是人们从消极情境中恢复过来的最重要因素之一。中学生的低希望水平通常预示着较低的友谊质量，这一结论与国外研究人员的研究结果相一致（Dorsett，2010）。

综上可知，希望作为个体的一种积极的心理品质，与多种因素存在密切关联，从而对青少年的心理健康造成影响。运用希望理论指导教育辅导应用实践，也受到了越来越多的关注，这一具有创新性的应用视角，进一步开拓了目前学校心理健康辅导和教育的范围。

第二节　开发路径

我国学者陈灿锐、申荷永和李淅琮（2009）对希望量表的效标效度进行检验，结果表明动态思维和路径思维与积极应对呈显著正相关，与消极应对呈显著负相关，与国外研究结果基本一致（Cheavens，2006）。这可能是因为个体的目标越清晰，个体在遇到问题时就越有可能采用积极的解决问题的方式来达到目标；反之，当个人的目标不明确时，实现目标的动力不强，问题出现时，他们往往会做出消极的反应，如回避或否认。

此外，当个体遭受问题袭击时，越相信自己有能力寻求有效方法达成目标的人，越倾向于采取积极的应对方式解决问题，当个体对自己能够找到实现目标的有效方法没有信心时，他们的希望相对较小，并倾向于采取消极的应对方式。希望及其相关的两个因子与幸福感呈正相关，当他们遇到困难和遭受困苦时，心中充满希望，相信自己有能力找到解决问题的有效方法的人更容易在生活中体验幸福。这一结论与法拉尔等人提出的理论具有一致性，他们认为，个人的感受与个人如何解释整个目标的完成过程密切相关，积极的感知来源于个人认为目标会成功被实现，而消极的感知来源于个人对实现目标的不自信感，他们认为目标即将面临失败。

同时，国内研究表明，应对方式对幸福感有重要影响（罗传等，2007；袁莉敏等，2006），而希望与应对方式呈正相关，希望通过应对方式来影响个体的幸福感。陈灿锐等（2009）的研究发现，大学生的希望水平明显高于高中生。客观上，可能是因为大学生的目标比较丰富，不仅是为了考试而学习，而且要实现的目标也比较多，实现目标的途径相对较广。高中生的目标以高考为主，相对容易且呈现单一性，而获得高考成功的主要途径是努力学习。主观上，与高中生相比，大学生的思维水平更高，经验更丰富，目标设定更主动，思维更有活力，因此他们的希望水平高于高中生。

在性别方面，男女生之间的希望水平没有显著差异，这与斯奈德等人的研究结果一致，该研究曾在美国收集了几千人的样本（Snyder et al.，1995），男女在希望内容上可能会存在不同，但在程度上基本没有差异。

在过去 20 年里，关于希望和青少年生活中重要领域的关系、希望和自己及未来的关系、希望和生活满意度及幸福感的关系、希望和灵性及宗教信仰的关系、希望和身体健康的关系、希望和学业成绩的关系、希望和运动成绩的关系、希望和人际交往的关系、希望和个体差异性别和种族关系，研究者们都得出了相对清晰的结论。

基于上述研究结论，我们认为，可以通过以下途径提升学生的希望水平：

一、增强希望信念

低希望水平的学生倾向于从希望干预中获益（Bouwkamp et al.，2001）；然而，研究表明，当他们参与学校的希望干预项目时，便无形中提升了希望程度（Lopez et al.，2011）。换句话说，心理健康教育专业人员可以通过发展团体干预的方式，让所有学生提升希望水平，不管他们的希望特征水平如何。同样地，那些被判定为希望水平很低的学生，为他们定制的特殊办法能提升他们的希望水平。强化学生希望信念的步骤可见表 6－1。

表6-1　增强学生希望信念的步骤

序号	步骤	内容
1	希望策略	通过希望量表的测量，掌握学生希望总分和各分量表的分数。
2	认知希望	学习希望理论、影响因素以及希望的作用。
3	构建希望信念	列出个人重要生活成分清单，并讨论自己对各个领域的满意程度。
4	创造积极目标	根据重要生活成分清单的内容和满意度，在师长的帮助下设定可操作、可达成的积极目标，尝试对每一个目标制定详细的路径思维。
5	刻意练习	视觉化和文字化达到目标的每个步骤。通过这些练习，将最有效的路径和动力联结起来从而达成目标。
6	记录	将目标、动力和路径与学生自己的生活结合在一起，并向学校心理老师报告目标达成的过程，学生和学校心理老师一起探讨实际行动与想法之间的差异，这些差异可能阻碍他们目标的达成。
7	回顾和循环	要求学生和学校心理老师持续地进行评估和反馈，帮助学生形成积极的责任感。

有证据表明，以希望为主的干预能制造额外的好处。举例来说，与对照组比较，初中生在参加希望主题干预的第6个月和第8个月后，希望特质、自我价值和生活满意度方面都有显著提高（Marques S C，Pais - Robeoro J L，Lopez S J，2011）。

就希望理论在学校的应用操作，国外心理学家提出三个范畴：目标、路径和力量，这些可以运用在个人或团体的希望干预中。可以参考斯奈德及其同事（2002）关于学生重要目标的设定、路径和力量的研究。

二、帮助设定目标

第一步，帮助学生了解自己的兴趣与潜能。教师通过帮助学生深入了解自己的兴趣爱好、特长以及潜能，让学生更好地认知自己，从而设定与其个人特质相符的目标。

第二步，目标的具体化与可衡量性。目标应该具体、明确且可衡量。例如，不简单地设定“提高数学成绩”，可以设定“下次英语考试达到85分”或“每周完成至少三张英语练习卷”。这样的目标更有助于学生明确自己的学习方向，便于他们评估自己的进步。

第三步，短期目标与长期目标相结合。帮助学生设定短期和长期的目标。短期目标更易于实现，可以给学生带来及时的成就感，从而增强他们的希望感。长期目标可以作为他们成长道路上的指引，激励他们不断努力。

三、发展路径思维

第一步是细分目标。路径思维强化最常见的策略是将大目标细分为子目标。这种目标细分方法，是将长期目标分成有逻辑性、易于着手进行的小步骤，一次完成一个，循序渐进。低希望特质学生最大的困难在于如何有效规划子目标（Synder et al.，1997）。他们在计划实行的过程中缺乏社会支持，无法从父母、老师和其他人身上得到更多的帮助和指导。通过练习，学生将学习如何将大目标拆成小目标，继而将目标划分为许多小阶段依次完成，这些经验将给学生带来更多的自信。

第二步是选择适应性路径。在通往目标的过程中，如何辨析多种路径的适应性是低希望特质学生的另一个困境。在生活中，目标错置的情况时有发生，要学会发掘通往这些目标的替代路径。但在困境时，不少学生会变得非常沮丧，进而放弃追寻的目标，在某种程度上，这可以解释低希望水平学生的辍学率比较高的问题（Synder et al.，2002）。所以，在干预中，老师要鼓励学生思考自己的目标。例如，为了达到目标需要做什么，并确定达到期望目标的多个路径；思考如果遇到挫折，该如何进行调整。

第三步是保持坚韧前行的思想。如果一个路径行不通，可以尝试其他路径，学生在着手追求他们的目标时，要尝试思考多种通往目标的路径。同时，不要将挫折进行内归因，例如，不要归因于自己缺乏天赋和能力，要尝试采用更有帮助的归因模式，尝试寻求社会支持和援助。

四、强化动力思维

第一，建立在个人内部标准上的目标比基于外部标准的目标更具有激励作用。要帮助学生探索适合自己的重要目标，而非采纳家长和同伴等强加的目标。当学生缺乏能满足他们需求的个人目标时，他们的内在动机和表现会被逐步削弱（Conti，2006），实证研究表明，自主建立的基于内部、个人标准的目标比基于外部标准的目标更具激励作用。

第二，帮助学生根据他们先前的表现来设置“延伸”目标。帮助学生设定“可伸缩”目标，这些“可伸缩”目标是以儿童或青少年之前的表现建立的更复杂目标。当进度受阻时，通过“可伸缩”目标可加强内在动机和韧性。

第三，帮助学生学习监控内在的自我对话，并鼓励他们使用积极的思维和语言，例如，“我可以做到这一点”“我会坚持下去”。个体常常不理解他们的自我对话能影响他们达成目标的能力。如果他们的内在对话处于高动力思维水平上，写日记的习惯能帮助他们做出决定。我们建议那些有低希望水平内在对话的学生与他们负面、过于严苛的内在自我对话进行辩论，向那些学生强调该用更多现实、积极、具有创造性的想法替代不间断的自我批判。这个方法需要重复练习，为了减少学生不必要的沮丧，告知他们这一点十分重要。

第四，让学生参与有趣的团体活动。跟学生说故事，并为他们提供图书，描述其他学生如何获得成功和克服逆境，鼓励学生享受达成目标的过程。抱有希望的个体在他们的困难时期常利用自己与积极经验有关的记忆去维持他们的活泼开朗。用这种方式，他们告诉自己令人振奋的故事，或是创造积极的个人叙述手法（Snyder et al.，2002）。相反地，低希望水平的个体可能没有基础的积极记忆去支撑他们。给他们讲故事或给他们一本描述其他个体如何获得成功或渡过逆境的书，能为低希望水平学生提供一个榜样，并帮助他们在榜样的激励下建立自己的动力思维。

表6－2总结了通过路径思维和动力思维来增强希望信念的生活策略。

表6－2　通过路径思维和动力思维来增强希望信念的生活策略

路径思维	该做的	将长期的目标分成小步骤或子目标。 开始追求目标，聚焦第一个子目标。 尝试不同路径的构建，并从中选择最适合自己的路径。 在大脑里排练，当遭遇困境时自己如何应对。 学习新技巧去达成目标。 发展友谊，相互帮助，促进成长。
	不该做的	认为你的大目标能立刻实现。 设立的路径太草率。 将时间放在对达到目标的完美路径的过多思虑上。 最初的路径策略失败，自己进行消极的内归因。 在人际交往中，没能在关系中成长。
动力思维	该做的	为目标负责任。 用积极的思维和自己对话。 探索以往成功经历中曾出现的困境以及解决方法。 当在追求目标过程中遭遇阻碍时，进行积极的认知。 当目标遇到了顽固的障碍时，寻找替代目标。 用心体验追求目标的过程，而非仅仅关注成果。
	不该做的	困于生活中出现的阻碍和挫折。 过分压抑内心中自我贬低的想法，导致这些想法更为强烈。 情绪焦躁。 对未来缺乏积极的预期。 面临逆境时，自怨自艾。 目标受阻时不能及时调整。

第三节 实践操作

希望是一种积极的心理品质，包括特质和状态两个层次的情感体验。在特质层次上，希望是一种稳定的情感特质、持久的个性倾向；在状态层次上，希望是即时的情绪状态。一般来说，高希望特质个体在希望情境中更容易、更频繁、更强烈地体验到状态性希望，而经常体验到状态性希望的个体容易形成高的希望特质。希望特质在日常生活情境中以状态性希望的形式表现于外，状态性希望在希望特质的形成发展过程中起着必要的情绪积累作用，使原有的希望特质得到进一步深化、巩固，进而导致情感上的飞跃，形成更高层次的希望特质。

同时，希望是个体针对事件目标进行的认知评价，这种目标被评价为积极目标、强烈的达成动力和丰富的实现途径，即形成高水平目标导向—利益认知评价，从而产生较强烈的状态性希望；当这种事件目标的刺激被评价为消极目标、微弱的动力和缺乏实现途径时，即形成低水平目标导向—利益认知评价，个体不会产生状态性希望或产生较低水平的状态性希望。这种目标导向—利益认知评价又会受到个体希望特质及所处环境氛围的影响。

一、理论依据

斯奈德（2000）提出，干预希望特质的最佳方法是整合认知行为模型、个人叙述模型和问题解决模型。因此，提高学生希望特质的团体心理辅导计划主要基于认知行为理论和技术（CBT）、个人叙事技术（PNSM）和问题解决模型（PSM）。

（一）认知行为理论和技术

该理论认为，个体非适应性的情绪并非直接来源于个体所经历的事件，而是来自个体对事件的感知、评价和解释，个体感知、评价和解释受到个体内在信念系统的影响。它还强调个体的自动化想法，即在脑海里自动呈现的，甚至不会被当事人觉察的想法，但这些自动化想法会对当事人的情绪和行为造成严重的后果。此外，个体都有自己独特的信仰体系，指导个人对不同社会情境作出反应。个体信念系统的内容是在成长过程中逐步形成的。一个良好的信念系统具有鲜明的功能特征，可以帮助个体保持身心健康状态和社会适应功能。个人希望属性是个人自我的信仰体系。它们的形成与发展和个人经历密切相关。改善低希望特质，必须打破旧的信念循环系统，建立新的高希望信念循环系统（张青方，2002）。

（二）个人叙事技术

个人通过叙述故事的过程整合碎片化的经历，并赋予事件意义。这些故事指导并帮助个体更好地了解他们的现在和未来。讲述个人故事的过程也是个人建立自我概念的过程。撰写或讲述个人故事，尤其是关于一个人如何设定目标和解决问题的故事，是发现和改善所需特质的一种方式（Snyder et al.，1997）。讲故事的过程，可以帮助叙述者意识到这个人的消极自我对话，但最重要的是注意个人的积极动力和路径思考。

由此可见，在团体心理辅导活动中，研究人员会引导学生分享个人的生活故事，寻找学生自身生活中希望特质的线索，并找出一些习惯性地干扰个人希望特质的、分散注意力的想法和行为，有效地了解一个人的自我对话系统如何影响一个人的感受和行为。

（三）问题解决模型

问题解决模型包括五个步骤：一是确认个人问题和解决问题的方向；二是设定可实现的问题解决目标；三是根据目标设计和实施具体的问题解决策略和方法；四是评估每个策略的使用和计划进展情况，根据情况及时改进或调整策略；五是选择最有效的策略，成功解决问题（D. Zurilla，1986）。问题解决模型对培养学生的希望特质很有帮助。

二、设计思路

希望理论模型是人类动机的认知理论模型，个体具有差异的生活经历影响着个人希望特质的发展；当面对特定情况时，自动产生的消极想法会影响个人追求目标的步伐。通过系统的学习，个人能够完全不同地解释这些情况，每个人都有能力学习正确使用希望的心态，个人的希望特质可以通过培训得到增强。

1. 活动目标

帮助学生学习和理解希望理论，探索并设定清晰可实现的目标，找到更切实可行的实现目标的途径和方法，激发不断追求目标的精神动力，增强内在的自我意识能力，帮助学生学习应对挫折和障碍的新方法。

2. 活动对象

本活动属于发展性小团体活动类型，成员为在校大学生，通过自愿报名与选拔相结合式招募组员，不超过 12 人。

3．活动时间与地点

活动每周1次，每次90分钟，共5次。

活动地点为学校心理辅导中心小团体心理活动室。

三、活动方案

大学生希望提升团体心理辅导活动方案如表6－3所示。

表6－3　大学生希望提升团体心理辅导活动方案

次序	活动主题	活动目标	活动流程	来源
1	快乐相逢	1. 营造良好的团体氛围。 2. 明晰组员期待，建立团体规范。 3. 引导学生了解希望理论。	1. 团体性质简介。 2. 热身：《最佳拍档》。 3. 组员分享参加团体心理辅导的目标，为团体制定规则。 4. 讲解希望理论并填写《大学生希望量表》。	破冰、合作、交流、归属感、信任感
2	学习中的希望培养	1. 增强团体凝聚力。 2. 了解学习中的希望特质（目标、路径、动力）并挖掘个人在学习方面的希望线索。 3. 明确个人学业目标，进行目标认知、路径策略、动力意识训练。 4. 深入分析、讨论个体在学业方面的希望结构理论模型。 5. 训练和提升个人在学业方面的状态性希望。	1. 热身活动：同舟共济。 2. 解读希望特质模型。 3. 主题练习：由“记忆深刻的学习经历”引导成员分享各自学习经历中最困难和最憧憬的事情。 4. 主题练习：由“我的动力来源”引导学生挖掘曾经的学习动力源，感受积极的内在力量，总结提升学习动力的经验。 5. 分组讨论：个人目前的学业目标和理想、实现路径、存在的困难以及解决的方法。 6. 总结：实现学习目标的方法、策略以及自身的资源优势。	目标思维 路径思维 动力思维

（续上表）

次序	活动主题	活动目标	活动流程	来源
3	同伴关系中的希望培养	1. 了解个人在人际交往中的问题。 2. 从个人的交往关系中寻找希望线索。确认个人的目标、路径和动力特点。探索面对挫折、障碍的策略。 3. 训练和改善在社交方面的状态，建立良好的同伴关系，提升路径思维、动力思维和整体希望水平。	1. 人身活动：心有千千结。 2. 练习：以“突破困境”为主题，分享目前在人际关系上遇到的困扰。 3. 情景剧练习：“我……”。改变不良的交往模式，比如“我害怕……”“我怕被拒绝……”等，建立新的希望模式，例如“我相信……”“我希望……”。 4. 脑力激荡：引导学生群策群力，贡献应对人际困境的方法。	目标思维 路径思维 动力思维
4	亲子关系中的希望培养	1. 协助成员觉察家人眼中的自己、自己在家庭中的角色和地位，以及早期家庭关系。 2. 协助个体寻找在家庭生活中的希望特质线索，总结个体目标、路径策略、动力意识特点。 3. 训练和提升个人在处理家庭关系方面的状态性希望。	1. 热身活动：放松体操。 2. 绘画与分享：主题绘画“小时候的我”，分享各自的家庭重要事件，帮助成员重新了解并明晰与家人的关系。 3. 亲情表达：领导者发给每位成员一张亲情卡片，请学生写出最想对家人说的话，或者当下最想为家人做的几件事情。 4. 脑力激荡：怎样提升处理家庭关系的能力，群策群力进行家庭提升关系的目标、路径、动力的团体讨论。	目标思维 路径思维 动力思维
5	朝向理想的自我奔跑	1. 了解个人在职业生涯发展方面的规划。 2. 从个人职业生涯规划中寻找希望线索，确认其职业目标、路径策略、动力意识的特点。 3. 训练和提升个人在职业生涯发展规划方面的状态性希望。 4. 收获与展望。	1. 热身活动：大树与松鼠。 2. 绘画：以“我的职业理想”为主题，分享毕业后想从事的工作。 3. 分组讨论：自己最感兴趣的与职业目标相关的话题。 4. 希望金字塔：根据思维内容为自己设置职业目标、路径策略、动力意识学习计划以及评估标准。 5. 总结分享自己的收获。 6. 心形卡片离别赠言。	整合

第七章　可持续开发的心理资源：乐观

名人名言

悲观的人，先被自己打败，然后才被生活打败；乐观的人，先战胜自己，然后才战胜生活。

——汪国真

案例导读

生如夏花般绚烂

案例描述

“生如夏花般绚烂”，泰戈尔用这句话诠释了生命之美。十八岁的年龄对于一个女孩来说，是充满着青春与活力，迸发着昂扬与向上的。梓琪就是这样一个女孩，在朋友眼里，她脸上总是挂着阳光般的微笑。但是，谁也想象不到，这样一个乐观向上的女孩子曾经承受过何等苦难。大学以前的梓琪是个拥有完美外表和优雅气质的女孩，是班上男生们眼中的“公主”，她的美丽和才华让每一个女孩子都羡慕。然而，命运的转折点就发生在她上大学的前夕。在这个火辣辣的八月，梓琪经历了一场重大的火灾，面部被严重烧伤，转瞬之间，美丽、漂亮、完美都离她而去。“我还有未来吗？家里本来就不富裕，现在我无疑是爸妈的累赘，我的人生就这样到达终点了吗？”梓琪陷入深深的痛苦之中。

火灾发生当晚，梓琪很快就接到好姐妹涵涵发来的短信：“姐，你别难过了。我的手机24小时为你开机。”看完短信的梓琪，泪水再次夺眶而出。接下来，更多安慰短信一条接着一条发来了。大家纷纷说：“只要人没事就好。不要太伤心了，我们马上就来看你，你有我们大家。”在这段时间里，朋友们的家人、学校里许多不认识的同学以及老师，通过各种途径获得梓琪的手机号码，纷纷给她发来短信：“梓琪，你是阳光天使，在我们心里你永远美丽。”

一下子被温暖的短信包围，梓琪很不适应。为此，她特意发短信给好姐妹：“怎么惊动了这么多人啊！”“我是‘阳光天使’吗？”在朋友们的陪伴和安慰中，梓琪慢慢释然了，给朋友们群发了一条短信："我现在很好。我想通了，人没事就好，以后再努力，所有东西都会回来的。我知道你们关心我，谢谢大家了！我要做一个更美的自己！"

梓琪的容貌受损了，但是她美丽的心依然散发着迷人的色彩。她以为，当她走进大学班级时，迎接她的会是同学们诧异加怜悯的眼光。可是在她做自我介绍时，可爱的同学们用最亲切的掌声把关爱传递给她，在这关键的时刻给了她最有力的支持。"从今天起，乐观向上、自信坚强的梓琪回来了！"一声有力的宣告代表着新的生活开始了。当这样一个周身散发着强烈的自信风采的女孩走在校园里的时候，没有人在背后指指点点，反之，这引来一种悄然无声的敬佩。在这所高校里，有谁不知道这位自信、优秀、富有爱心的才女呢？

新冠疫情期间，梓琪作为一名即将踏入工作岗位的医学毕业生，看着前辈们披荆斩棘、迎难而上、舍生忘死，更加坚定了自己救死扶伤的初心，她义无反顾地加入医疗志愿者队伍当中，感受疫情带来的艰难与痛苦。过往的记忆又一次被勾起，在那一刻，梓琪的内心再次坚定了当时自己的抉择。如果当初她选择了自杀，结局是多么可悲、可怕！梓琪最新的一条微博这样写道："如果承担了自己该承担的责任就是最美，那么，我一定会踏实努力，做一个更美的自己。既然活着已经是一种幸运，那还有什么权利不把生活打扮得靓丽些去享受造物的恩赐？还有什么权利不把这个世界打扮得靓丽些去迎接造物主的检阅？我一定要生活得像夏花般绚烂……"

思考讨论

1. 如果梓琪的事情发生在你身上，你会怎么做？
2. 你如何看待生命中的挫折？

案例分析

1. 我们在生活中，往往回避谈"死""灾难"，认为这些不吉利。事实上，生、老、病、死都是我们生命中的一部分，生命无常，回避这些问题，疾病、灾难、死亡也仍然会发生。案例中的梓琪在遭遇火灾后，在历经痛苦后，依然用乐观、积极的心态面对，坦然接受自己的不完美，展现了坚强乐观的精神。因为经受过灾难，有过相似的经历，在新冠疫情期间，她积极加入医疗志愿者队伍中，并能对病人及家属有更多的理解。梓琪在灾难面前对自己的生命有了更多认识，并认识到能够活着就是幸运，尽管她不再拥有美丽的面容，但内心充满感恩，并下定决心要"生活得像夏花般绚烂"。

大学生若平时多一些对身处绝境者的感同身受，认识到人生总是会遭遇绝境与苦难，落榜、失恋、失业、丧亲、疾病、死亡……若能具备充足的准备，拥有对"死亡"这一词内涵的正确认知与深入的思考，就会更有助于预防、处理或解决因死亡而产生的种种问题，有助于大学生群体建立积极向上的人生观，提升生命的质量。

2. 缺与美，本来就是统一体，它们都是生命无法摆脱的。生命的残缺是一种不完美，但可以追求精神上的富足完美。每个人的生命都会有欠缺，只有接纳生命的不完美，接纳自我的一切，包括自己的长处和不足、自己的顺境和逆境、自己的成功与失败，才能活得真实。一些大学生不能接纳自己的不足，太在意别人的评价，把对自我的掌控权交给了别人，失去了生命的真实。只有懂得爱自己的人才能更好地善待自己。

挫折存在于每一个人的人生中，未经历挫折的人生在某种程度上也是一种有缺憾的人生。正如，没有地质运动带来的强烈挤压，便没有钻石的璀璨夺目；没有挫折的磨砺，便没有斗霜傲雪的人格。生活中的挫折既有让人痛苦的一面，又有正向的功能，它既可以破坏个人的前途，也可使个人走向成熟、走进辉煌，关键在于你如何看待挫折。大学生在人生成长道路上必然会遇到许多压力，也会承受命运的挑战与磨砺，乐观宛如逆境中的一盏灯，照亮通向成长的道路。乐观作为心理资本的一个维度，无论现在还是未来，对于成功都有积极的归因。

第一节　乐观的研究

英国小说家塞缪尔·理查森曾说过："若我们人类的心灵一直忙于将每件不如意的事情往悲观的方向想，则不需要敌人的出现，自己就先溃败了。"

传统心理学研究更多集中于如何降低负性症状，但随着积极心理学的崛起，降低负性症状并不代表我们的积极因素随之增长。研究发现，勇气、希望、坚持和乐观等积极因素对于心理症状起到缓冲作用，并且这些特质虽然比较稳定，但可以通过学习获取（Seligman，2003）。积极特质获取不仅是为了消除消极的症状，更重要的是可以提升个体的心理健康水平。乐观来自个体主观层面的心境、态度和认知模式，和每一个个体的希冀密不可分。即使面临相同的外部客观环境，但是不同个体的内心有着不同的希冀，产生的认知和评价也会导致不同层次的差异，对自己有利就产生积极乐观的情绪，情况相反的话就很容易出现悲观的情绪。

一、乐观的两种取向

乐观是一个极具生命力的主题。在日常的生活中，人们对悲观和乐观所展开的描述随处可见。例如，"塞翁失马，焉知非福""悲观者从机遇中看到的是困难，而乐观者从困难中发现机遇""一枝玫瑰花，乐观者看到的是盛开的花朵，悲观者对花视而不见，只见到枝干上的花刺”。

现代对乐观的研究可以追溯到17世纪的哲学家著作，特别是笛卡尔和伏尔泰的作品（Domino，Conway，2001）。在这些哲学作品之前，乐观的概念在很多宗教的传统教义中已经出现，例如佛教和基督教（Miller，Richards，Keller，2001）。在20世纪，乐观的定义已经和悲观并列，有时候，人们认为乐观和悲观是线性两端的不同概念（Garber，2000）。

现代的模型（Scheier，Carver，1985；Seligman，1991）更加关注辨析乐观和悲观的差异，例如用期望理论、解释过程、解释风格理论等来进行阐释。美国心理学家塞里格曼等人倡导积极心理学运动，主张研究人的发展潜能和美德。在积极心理学思潮影响下，关于积极心理体验的研究不胜枚举，其中，关于乐观的研究愈发受到重视和关注，成为影响个体身心健康的重要因素和重要领域。有研究者甚至指出，乐观不仅是对抗挫折的缓冲剂，更是人类抵御疾病的有力武器（张倩等，2003）。

美国社会学和人类学家泰尔格（1979）较早对乐观的概念作出界定。他指出，当评价者把某种社会性的未来或物质性的未来期望视为社会所需要的、对他有利的或能为他带来快乐时，与此关联的心境或态度，就是乐观。

由此可见，乐观有两个特征：第一，乐观并非客观的，它是一种主观心态，和个体的内心希冀息息相关。也就是说，即使面对同一个客观事件，由于个体的主观想法存在差异，也会出现不同的主观心态，所以，对事件给予积极、正向评价的群体往往对这一事件持乐观的态度，而对事件给予消极、负面评价的群体往往对这一事件持悲观的态度。第二，尽管乐观具有对未来的指向性，是在假设基础上的认知判断结果，它也会对当下或今后一段时间内的行为造成影响。

关于乐观的概念存在两种研究取向，一种是气质性乐观，另一种是乐观—悲观的解释风格。

（一）气质性乐观

美国心理学家谢尔顿等（1986）基于动机的期望—价值模型提出了气质性乐观的概念。期望—价值模型的主要观点是个体的行为是指向所追求的目标的，目标本身所体现的价值与目标对个体的重要性息息相关，两者之间是一个正向的关系。因此，个体会为了达成想要的目标去调整自身的行为。该理论中的期望，是指个体对自身能否达成目标的信心或怀疑。如果个体相信自己一定会实现自己的目标，就会启动行为并持续努力。相反地，如果个体不能确保自己能完成目标，自信程度不足，个体开展行动的概率会相对比较低，即使行动启动了，在行动持续期间也会由于缺乏信心而选择放弃。在此基础上，谢尔顿等（1986）推出了气质性乐观的概念，将其定义为对未来美好结果的总体期望，是相信未来会收获令人满意结果的一种自信心。乐观的人常常觉得幸运是会降临在自己身上的，悲观的人则总会觉得自己会不断遭遇不好的事情。个体主观认知的差异，会对个体如何应对问题产生直接影响，并在采取的应对策略和结果上出现差异。

气质性乐观是个体对未来正向结果的普遍期望，是一种在不同环境和时间下都很稳定的人格特质（Carver，Scheier，2014）。与特定环境下的乐观不同，这种特质更多地代表了人格的认知成分，是与个体的情绪、动机和行为密不可分的。在人格特质的“家族”中，“大五人格”结构得到研究者的广泛认可，且在跨文化研究中具有一致性和稳定性，它代表了个体人格特质的一个重要方面（John，Naumann，Soto，2008）。然而，这种人格结构并没有充分涵盖气质性乐观的含义（Carver，2014）。一些研究者认为，气质性乐观是人格特征中的神经质和外向性的组合（Marshall，1992）。但是，进一步研究发现，气质性乐观与神经质、外向性有别，而且与宜人性和尽责性重叠。

我们知道，人格特征的神经质与威胁回避相关、外向性与社会影响力关联等，是否可以认为“大五人格”特质是人类行为动机内容成分的表现，而气质性乐观则可能是行为动机功能发挥的启动机制？从期望—价值理论分析，气质性乐观能够在一定程度上解释个体如何推动目标变为具体行动。从实践研究的角度来看，与其他人格特质比较，气质性乐观对个体的身心健康、压力应对、应对策略和主观幸福感等有更独特的预测功能（Carver，2004；Heinonen，2006）。

（二）乐观—悲观的解释风格

所谓解释风格，可以理解为个体一种相对稳定的对事物成败归因的思维模式。解释风格分为乐观解释风格和悲观解释风格。如果将经历的失败归结于一个稳定的因素，那么，个体会对未来产生不良的预测。如果将经历的失败归因于一个不稳定、可变化的因素，个体就更可能对该领域的未来抱有良好的预期。与此同时，对失败归因的普遍性和特殊性，都会对个体对未来的预期产生影响。将成功归因于稳定的、普遍的、内部的原因，将失败归因于不稳定的、具体的、外部的原因，属于乐观解释风格；将成功归因于不稳定的、具体的、外部的原因，将失败归因于稳定的、普遍的、内部的原因，属于悲观解释风格（表 7－1）。

表 7－1　乐观—悲观的解释风格理论

类型	事件	归因
乐观	成功事件	内部、稳定、普遍的原因
	失败事件	外部、变化、特殊的原因
悲观	成功事件	外部、变化、特殊的原因
	失败事件	内部、稳定、普遍的原因

解释风格是后天习得的，个体可以通过学习将悲观归因方式切换为乐观的归因方式，这就是美国心理学家塞里格曼（1998）关于“习得乐观”概念的核心。塞里格曼乐观理论的目标是“远离消极后果”（Snyder，2002）。个体可以通过习得乐观，避免在未来受到焦虑和抑郁的侵扰，而且乐观的解释风格与成年人的幸福感呈正相关。气质性乐观是一种相对稳定的人格特质，是对未来的积极期望；乐观解释风格是为过去和现在的生活事件寻找因果解释的认知模式。美国心理学家彼得森（2000）称前者为大乐观主义，可能是一种以生物方面为特征但以社会认可接纳为文化形式表达的倾向；后者为小乐观主义，在某种意义上或许是一种特定学习经历的结果。

研究人员从不同的研究角度提出了关于乐观的不同的概念。总体而言，乐观是重要的积极心理资源，在个体面临压力和困难时，乐观能提供缓解和保护的作用。人们普遍认为，乐观是个体对未来结果一种总体的、积极的预期，对个体的身心健康和幸福感有重大影响，乐观也是积极适应环境变化和压力的有力预测。作为对现实和未来的积极预期，以及一种积极人格倾向，乐观会对个体的认知、情绪和行为产生重大影响。在认知上，乐观者有一个积极的认知方向，善于发现事物积极美好的一面，并倾向于以积极的方式接受现实，他们也接受不顺心的事情，认为这仅仅是暂时的，生活的沧桑其实也是完整人生的一个部分，而且他们坚信通过自己的努力，困境也会慢慢过去。在情感上，乐观者思想更加开放，体验更多的积极情绪，时常保持良好的心态。在行为上，乐观者勇于面对困难生活的挑战，尽全力去探索问题的应对方案。

二、乐观的内涵

我们先来探讨一下乐观的概念。

第一，乐观与个体已有经验密切关联。曾经的成功事件、价值判断、周围环境等，都会存储于个体的记忆当中。在生活过程中，个体不断与环境互动，逐渐形成独特的认知方式（包括刺激选择、信念、解释风格等）。个体运用个性化的认知方式加工自身的经验，并在此基础上对已发生或未发生的事件作出积极或消极的评价。这样的加工过程形成了乐观的认知成分。

第二，乐观与积极的情绪情感有关。这样的情感来自个体所知觉的对象对个体需要的满足。在积极认知倾向基础上，个体更加倾向于将已发生的或将要发生的结果评价与个体需要保持高度的一致性，这种模式使个体产生了更为积极的、愉悦的主观体验，体会到更多的确定感、满足感和幸福感。相反地，在面对不一致的结果时，乐观者更倾向于接纳不完美，并逐步弱化消极结果的价值，从而降低消极的情绪体验。在这样的主观体验中，人们对自己和他人表现出更大的满意度，对自己的环境更为适应，并对将要发生的结果有更积极的预期。

第三，乐观带来的积极情感体验具有动力性。当意识到积极的结果有可能实现时，个体会更加努力来达成目标的实现；当积极结果被认知为难以实现时，个体往往会减少努力，或最终选择放弃，从而导致积极结果更加难以完成并增加消极体验，个体的认知结构及解释风格也会逐渐改变。

综上所述，乐观不仅包含认知成分（涉及感知、理解和判断等），还伴随积极的情绪体验，影响个体的动机、意志倾向性，最终改变行为前的心理和精神系统的准备状态，循环往复，建构形成了成年人相对稳定的性格特质。因此，乐观是个体态度的一部分。

接下来，我们进一步探索乐观与悲观的关系。

第一，关于乐观和悲观的期望。关于乐观和悲观，目前还没有被广泛认同的定义。然而，研究人员已提供了一些相关定义，这些定义包含对于未来事件的偏向积极或消极的期待。乐观被定义为倾向于期待积极结果；相信积极事件超过消极事件；倾向于看事情的光明面。相反地，悲观被定义为失败的期待；预期坏的结果；对事情倾向于有前景黯淡的看法。

乐观和悲观都与个体使用的应对策略有关。乐观和应对策略连接包含诸如问题解决、获得社会支持和在压力情境中寻找任何积极面。悲观则与适应不良的策略有关，换句话说，当压力源出现时，个体倾向于回避问题、否认撤退和不能完成目标。乐观和社会环境相关，乐观的孩子从小学过渡到中学更加顺利（Boman P，2001）。总的说来，在个体没有先前经验的情况时，乐观和悲观扮演着重要的角色。

第二，关于乐观—悲观的解释风格。美国心理学家塞里格曼在 1991 年提出关于乐观—悲观的解释风格理论。他深入研究了习得性无助对个体认知风格的影响，特别是那些经常感到沮丧的个体。他的理论强调，个体的解释风格，即他们如何解释和归因生活中的事件，对他们的心理状态和行为反应有着深远的影响。习得性无助，指的是期望导致沮丧，个体推测他们做不了任何一件事去掌控未来的结果。这个期望发展自个人无法控制的不利事件发生的经验，其在事件中尝试应对策略却没有发挥任何作用。一个人缺乏控制的信念会导致较低的反应启动和坚持（动机缺乏），无法觉察能控制的新的机会（认知缺乏），自尊下降并感到更加难过（情绪缺乏）（Seligman，1975）。然而，习得性无助的理论在某些范围受到了学者批评。首先，不是所有脆弱的人都会变得无助，有些人会变得无助，有些人甚至从未恢复；而其他人却可以积极、即时地回应。其次，一些人在他们遇到的当前情况下便已放弃，然而另一些人在新的情况下才放弃。再次，一些人因为环境责备他们自己，另一些人却责备其他人或周围的环境。塞里格曼和其他的研究者求助于韦纳的归因理论去处理习得性无助理论无法预测的结果（Sligman，1991）。

美国心理学家韦纳的归因理论假设人们对结果会出现不同归因情况，会出现不同的情感反应和期望水平，进一步就会引起成就动机或行为的变化（Weiner et al.，1971）。归因的维度包括内部和外部、稳定和不稳定、可控和不可控。

塞里格曼和其他研究者发展了韦纳的理论，但是应用方式不同。修改过的理论认为，个体有习惯的解释风格，不仅是对每个不相关失败经验的解释。为了这个目的，他们在Winner的持久性和个体性之上增加了第三个维度——普遍性。最后，他们将归因研究的重心从成就归因研究转移到心理疾病和治疗领域。这成为解释风格理论运用在儿童和青少年群体上的基础。

大体上，儿童和青少年的个人归因态度有所不同，这就是他们的解释风格。那些有着悲观解释风格的儿童和青少年更倾向于使用归因理论中三个维度——持久性的（“它总是这样发生”）、个人的（“这是我的错”），以及普遍的（“它影响我做的每件事”），来评价他们遇到的困难、挫折、挑战或充满压力的环境。那些有着乐观解释风格的人更倾向于认为挫折只是一时的，不是他们的错，当前意外的影响是有限的。当遇到好事情时，他们的解释风格是相反的。那些有着悲观解释风格的儿童和青少年会将好事情视为是暂时的，幸运不出于自身的努力，而且仅仅是一个独立事件。这样的解释风格受到父母亲和其他重要成年人的行为模式的影响（Seligman et al.，1995）。

三、乐观的测量

尽管人们都同意乐观和悲观在应对和调适方面所扮演的角色，关于它们的测量，却有两种不同的观点。一些研究者认为，乐观和悲观是一个连续体的两端。因此，一个人不是乐观就是悲观，但是不可能两者兼具。相反地，有些人抱有折中的观点，认为两者能够共存在一个人身上。也有研究者提出，乐观和悲观是部分独立维度（Chang et al.，1997；Fischer，Leitenberg，1986）。所有这些研究显示，乐观和悲观是分开但相关的两个因素。然而，中国学者的研究结果更多地支持两者部分独立的观点。

有研究者提出，如果把乐观和悲观定义为积极或消极结果期待，那么部分独立模型似乎更加适合（Chang et al.，1997）。以本科生为研究对象，研究者发现拥有更多不理性信念的学生（例如“我在我的生命里绝对不犯明显的错误”）显著地更加悲观，同时，他们也较不乐观（Chang，Bridewell，1998）。这一结果支持乐观和悲观部分独立的观点，陈述了悲观主义者不是缺乏乐观，但是他们比起乐观主义者有更多不理性信念。

（一）测量乐观和悲观

生活态度测验（LOT，1985）及其修订版（LOT-R，1994）是使用最广泛的评估乐观情绪和悲观倾向的测验。生活态度测验修订版是对乐观单一维度的测验，在测验中，悲观被反向积分计算到乐观分数中。生活态度测验有 12 道题目，其中，4 题是填空题，4 道积极措辞题（例如“我总是看事情的光明面”），4 道消极措辞题（例如“就我来说，如果有些事会变糟糕，它们于我就一定变糟糕”）。修订版则有 10 道题目，其中包括 3 道积极措辞题、3 道消极措辞题，以及 4 道填空题。

另外三种量表分别是延伸的生活态度测验（ELOT）（Chang et al.，1997）、一般成功期待量表（Fibel，Hale，1978）和乐观与悲观量表（Dember，Martin，Hummer，Howe，Melton，1989），这些量表已经有所发展但是还没有广泛运用。

延伸的生活态度测验被运用在针对青少年的研究中。青少年生活态度测验（YLOT）是针对儿童和青少年设计的（Ey et al.，2005；Taylor et al.，2004），这份量表有 16 道题，使用自陈式测量，以更好地评估学龄儿童的乐观和悲观。修订版的生活态度测验针对儿童作了适当的修订，增加了额外项以反应积极和消极期待，共有 7 道乐观题、7 道悲观题和 2 道填空题。用李克特 4 点计分法，儿童可以给出 0 分到 3 分（0 分 = 我不是这样，3 分 = 我是这样）。该量表产生 3 个分数：乐观、悲观和乐观总分。关于回应乐观和悲观持续影响的问题，乐观和悲观代表两种分离的结构或一个连续体的两端。内部一致性都在可接受范围。然而，这仅仅运用在三年级到六年级，一年级和二年级内部一致性不在可接受范围内。

（二）测量乐观和悲观的解释风格

在美国心理学家塞里格曼的理论背景下，解释风格是认知人格变量，在各式各样的生活情境里发挥着调试功能。解释风格问卷是用来测试归因风格的问卷（Peterson et，al.，1982）。这一问卷测量个人的、持久的和普遍性的维度，也涉及特殊事件，在最初询问时，要求被试陈述引发事件的原因。塞里格曼（1991）提出移除个人的维度，因为其担心乐观者把失败归罪于他人（外在事物）可能减少个人责任感。最初设计是为了具体化积极和消极事件，然而，研究显示相比于对好事情的解释，关于坏事情的解释反应更强（Peterson，1990）。正如美国学者芬彻姆（2000）给出的解释：针对负面事件时人们常采取因果关系的解释，但针对好运人们很少去寻求解释。

归因风格问卷（ASQ）是最常被用来测量解释风格的工具（Reivich，Gillham，2003）。现已有几个针对不同群体而设计制定的归因风格问卷。美国心理学家彼得森发展了归因风格问卷的几种形式，使用了最初格式，但是针对目标群体调整了刺激事件。归因风格问卷一般列出一系列事件和个体认为导致事件发生的原因，以测量解释风格持久性和广泛性。举例来说，美国学者博曼和同事（2003）针对高中生发展出一个版本，使用 12 个假设事件，反映可能在学校里发生的状况，例如“你在一个测验或考试中考砸了”，学生被要求针对这个事件写出一个主要原因，然后记录持久性（“这件事可能会影响你多久时间?”）和广泛性

（“这件事只是影响考试失败，还是会影响你生活中其他部分?”）。

四、乐观的作用

从积极的角度出发对人们的心理现状进行阐述始终是积极心理学的目标，这种做法对于挖掘个体内在的正向力量和优秀品质是很有帮助的，并可在此基础上达到协助个体探索自身潜能、获得美好生活的目的。

在美国心理学家谢尔顿和彼得森等人看来，个体积极的心境、坚韧不拔的恒心和有效解决问题的能力与乐观有着紧密的联系，与个体在学业、体育、职业和政治等领域的成功有关，同时也离不开健康的体魄、幸福感。

（一）乐观与个体身心健康的关系

乐观者拥有较好的身心健康状况（Scheier，Carver，1992）。面向不同团体，研究者都对这一观点表达了支持。一项针对大学生群体的研究发现，乐观度高、悲观度低的大学生往往拥有更高水平的心理健康水平，在积极情感体验、生活满意度方面的表现都会更好，抑郁情绪以及消极情绪情感体验相对就会比较少（温娟娟，2007）。另一项针对大学生群体的研究发现，即使去除其他因素的影响，气质性乐观的程度被发现是未来抑郁症状的良好预测因素（Kristin，Vickers，Vogeltanz，2000）。一些针对疾病患者的研究也发现，乐观会影响身体和心理两方面的健康状态。谢尔顿等人（1989）研究了冠状动脉搭桥手术的患者，发现乐观患者术前敌意和抑郁程度较低，在手术后的第一周有更好的康复效果，患者更开心，并发现乐观患者在术后 6 个月时比悲观患者拥有更高程度的生活质量。乐观与免疫系统和良好的健康方式是一个正相关的关系，与不良事件发生的概率则呈现负相关的关系，乐观主义者往往能获得更多来自社会的支持。乐观的人患心脏病、高血压和癌症的可能性较小，乐观对于减少乳腺癌的复发率有着想象不到的作用，乐观还可延长艾滋病患者的预期寿命。乐观心态也会影响 60 岁以后的人的健康，悲观者比乐观者更早开始生病和退化，乐观者比悲观者更长寿（漆明龙，2015）。

（二）乐观与个体问题解决的关系

乐观属于认知技能的一部分，可以与注意力和认知加工过程联系。当面对一个情境时，相对于悲观者，乐观者会用全面、发展和变化的观点去看待事情，因此，乐观者可能会制定出更多的策略、更周到的处理事件的方法，所以可以更好更快地解决问题。美国学者西格斯托姆（2001）通过情绪 stroop 任务（一种广泛使用的视角任务），发现悲观者对消极词汇有记忆偏向。相较于积极方面，悲观者更容易关注环境的消极方面，乐观者则以同样的方式看待它们。而且在西格斯托姆看来，乐观者比悲观者更有可能采取以问题为中心的积极应对方式。另一研究发现，乐观者比悲观者更积极地对待压力情况，并使用覆盖面更广的应对策略。同时，乐观者通过持续不断的努力实现自己的梦想，而悲观者面对目标时可能选择放弃（Makikangas，Kinnunen，2003）。美国学者索尔伯格等人在2006年开展了一项面向运动员的研究，结果显示，运动员越乐观，赛场上的表现越好，面对困难时，乐观的运动员更倾向于选择积极的应对策略而不是回避的应对策略。在工作环境中出现压力情况时，悲观主义者比乐观主义者会更容易出现更严重的警觉性降低和更高水平的任务后压力（Szalma，2006）。此外，悲观主义者更有可能感到无力。悲观主义者对未来的悲观预测导致参与度的降低和业绩的下降，工作表现也会随之下降。

（三）乐观与学业成绩的关系

一些研究人员对乐观与成绩的关系进行了探索。如美国学者舒尔曼在1995年发现，儿童的悲观解释风格主要是由不断减弱的毅力、对成功或成就的消极期待造成的。一项研究成果指出，乐观的解释风格和能力对于预估学习成绩的重要性是一致的（Noris，Wright，2003）。也有研究指出，乐观、学业成就、职业计划以及职业目标之间是息息相关的，并呈现一个正相关关系。另一项对大学生的研究也发现，学习成绩与乐观的人格呈正相关。我国学者刘志君在2007年对高中生的研究中发现，乐观与中学生学业成绩呈正相关，一个学生的乐观水平越高，他成绩提高的效果也会更好（刘志君，2007）。

第二节　开发路径

气质性乐观的培养是一个长期的过程，在操作中有很大的困难，但可以通过对解释型乐观进行干预，培养大学生的乐观态度。归根结底，解释型乐观就是一种积极的解释风格，是一种主观可控的、积极的认知风格。通过后天的学习、正确归因方式的训练，以及乐观思维习惯的引导，乐观的思维品质和人格可得到发展。

一、培养积极的解释风格

积极乐观人格的形成受到多种因素的影响。相当多研究成果显示，形成乐观人格最重要的两个因素是遗传和认知方式。解释型乐观有力地验证了归因方式在乐观人格形成中的重要作用。个人对自己的行为、他人的行为以及外界事件进行解释、分析和评价，探究前因后果，在此基础上，采取应对措施。在这个过程中，解释风格扮演着关键的角色。它是对自己、他人和世界的看法、期望和思维定式，是自我的认知风格。个体一旦形成较为稳定的认知风格，就会以固定的方式与自我、他人以及外界进行沟通。一个具有积极解释风格的人将对他的内在自我和周围环境作出积极的反应，反之亦然。

有关研究表明，积极的解释风格与心理健康呈现正相关（马元广、李寿欣，2013）。解释风格更多是一种依靠后天学习训练掌握的认知方式，会伴随后天的学习而改变，惯性的存在感反而比较低。在认知行为疗法的基础上，国外研究者表明，通过改变解释风格，乐观程度会在可控的时间内发生变化。对青少年进行团体认知训练，有利于他们改变解释风格，而解释风格会对乐观品质作出贡献。2014 年，史国春和李丹指出可以通过干预帮助大学生形成乐观的解释风格，这种思维模式一旦慢慢稳定下来，便有利于乐观人格的形成。

二、寻求社会支持

社会支持可以分为客观支持、主观支持和对支持利用度（肖水源，1994）。研究表明，浸润在集体文化下的个体会更依赖社会的支持。社会支持对于青年大学生的成长无比重要，除了客观支持，主观支持、朋辈群体的认可和归属感更为重要。因此，青少年主观上体验到的社会支持被认为在其人格的健康发展过程中扮演着至关重要的角色，社会支持对乐观有正向的预测作用。施国春和李丹（2014）通过研究表明，同伴和宿舍关系对大学生乐观品质的发展有显著影响。他们发现，90% 的学生对待问题采取“自我消化”的态度，主动寻求他人的帮助对于他们而言几乎是罕有发生，如此一来，学生就很容易出现心理问题。究其原因，一是学生并没有利用社会支持的意识，二是学生缺乏对社会支持资源的了解，三是学生没有掌握充分获得社会支持的技能。历时三周的社会支持培训表明，社会支持对解释词汇的发展和乐观情绪的质量都是积极预测因素，且对两者都有积极的预测作用。

三、寻找积极的应对策略

应对策略也被称为应对方式，是个人在压力情境下仍能保持心理平衡的一种应对方法和措施。国内学者将应对策略分为解决问题、寻求帮助、自我批评、回避、幻想和合理化。解决问题和寻求帮助是较为积极主动的应对方式，而消极的应对方式则包括自我批评、回避和幻想等。当压力来袭时，每个个体都有习惯使用的应对策略，有的人采用积极的策略，调整认知，调适情绪，不断进行自我调整，通过多种方式缓解压力带来的焦虑和抑郁情绪；但也有的人选择消极的方式来应对，常见的外在表现包括抱怨、忍耐、拖延和忽视工作。因此，观察应对方式，可以研究一个人在压力下的直接反应和想法。

有研究者指出，当遇到压力时，与悲观者相比，乐观者能呈现出更好的应对方式，在工作时也有更好的表现。研究还发现，面临大学新生的适应压力，乐观者与悲观者采取了不同的应对策略，“乐观的学生通过直接处理方式来应对学习、人际和新环境变化带来的压力，而悲观的学生更可能采取忽视、回避、隔离的方式解决问题”（Scheier，Carver，1992）。因此，乐观学生会比悲观学生有更低水平的压力以及消极情绪，可以更快速有效地发现可用的社会支持，更容易适应新的生活。我国学者施国春等人（2014）指出，不少学生在面临问题时采取了消极的应对方式，如指责、退缩、幻想和合理化，特别是那些家境比较差的学生。

四、学会科学归因

美国心理学者塞里格曼认为，个体对乐观或悲观的选择取决于在解释问题和情况时使用乐观或悲观的归因策略。面对不同的情境时，我们会产生自动反应，但必须有意识地培养对自动反应的认识，以便开发新的方法，更有效地对生活事件进行解释。归因风格理论被他纳入认知疗法，他认为更全面地了解个体的 ABC（对事件、信念和结果的评价）之后可以更好地学习乐观，然后通过积极事件或自身潜能抗拒自己的悲观想法，从而获得激发动力和行为的效果。ABCDE 认知疗法可以通过改变思维和管理自我语言，来帮助个体控制自己的态度转向乐观。

积极心理治疗指出，治疗并非以来访者身上现有的紊乱为目标，而是在于努力发动来访者身上存在的种种能力和自助潜能，采取理性情绪疗法、叙事疗法对心理疾病进行积极的治疗，这被认为是易操作和有效的。

第三节　实践操作

本节探索团体心理辅导的方式，对大学生乐观型解释风格进行干预，以提高高校心理健康服务工作的质量和数量，对大学生心理健康教育有一定的理论指导和现实意义。

一、理论依据

（一）理性情绪疗法和乐观型解释风格

理性情绪疗法（简称 RET）是由美国心理学家艾利斯在对抑郁症患者进行心

理治疗的过程中所创立的认知行为疗法。理性情绪疗法的治疗过程可以用“ABC-DEF”来概括：A（activating events）代表诱发事件；B（beliefs）代表信念、认知或评价；C（consequence）代表情绪和行为的结果；D（disputing intervention）代表辩论；E（effects）意为效果；F（new feeling），即新的感觉。阿利斯指出，人的非适应性情绪和行为（C）并非由诱发事件（A）引起，而是其中的中介因素（B）在起作用，即个体的情绪和行为问题（C）与诱发事件（A）并非直接关联，而是个体的认知因素（对这一事件的解释和评价）导致了情绪和行为的困扰。因此，按照理性情绪疗法的干预模型，需要通过辩论性干预（D）纠正不合理信念（B），不合理信念（B）得到纠正后，情绪和行为困扰就会减轻或消除，即治疗发生积极改变，达到效果（E）（负性情绪得到缓解或消除），最后个体也会产生新感觉（F）。理性情绪疗法结构清晰，可操性强，干预效果好。其中，D（辩论性干预）是非常最重要的干预环节。

塞里格曼将解释风格理论融入理性情绪疗法中：个体通过 ABC 模型，了解自己内在的信念和看法；通过与自己的悲观信念作斗争（D）来实现的认知干预，促使（E）负性情绪得到缓解或消除，最终得到新的感受（F）。理性情绪疗法能够有效对悲观的思维模式进行干预，逐渐将个体的解释风格转向乐观。

用 RET 疗法来干预解释风格，在某种层面上证明了 RET 疗法是可以干预解释风格的，这对本研究而言意义深远，它也是本次研究的理论基础，同时也拓宽了本研究的思路。

（二）团体心理辅导

团体心理辅导是在团体中提供心理支持和咨询的一种辅导形式，即团体负责人将有类似问题的学生组织在一起，组成辅导团体，经过一系列活动推进，引发成员进行探索和领悟，帮助成员解决目前共同面对的心理困惑，是促进心理成长的有效方式。

团体心理辅导中，负责人使用的心理咨询技术有如下几点：①积极倾听技术，倾听可表达出对成员的尊重，同时也能促进成员的表达，让成员在宽松和信任的氛围下倾诉自己的问题，宣泄情绪，探索解决的方法，从而实现发展与成长；倾听的过程要以敏锐、共情的态度全面收集信息，包括言语信息和非言语信息的收集；关注成员表达的内容以及内容背后的情绪情感。②提问技术，可分为开放式提问和封闭式提问，向成员提出问题，明晰一些问题，同时鼓励引导成员思考如何解读问题。③解释技术，在适当的时候，向成员解释团体中的一些行为、感受以及想法。④面质技术，对活动过程中成员言行中呈现的困惑或矛盾提出疑问，引导成员思考。⑤支持技术，主要是给成员提供鼓励和建立信任。⑥设定目标技术，鼓励成员参与小组过程，并邀请成员共同制定对小组而言具体有意义的目标。

⑦反馈技术，真诚地向成员提供具体的反馈，并适当进行引导。⑧分享技术，根据团体活动的推进情况，鼓励成员真实地分享他们当下的感受和想法。⑨示范技术，在团体活动推进过程中，通过一些行动来向成员展示适当的群体行为。⑩处理沉默技术，通过观察小组中的语言和非语言交流，对团体中出现的沉默进行处理，促进群体发展等。

二、设计思路

结合理性情绪疗法和乐观型解释风格等相关理论，在团体心理辅导活动中，负责人应让成员在温暖和安全的氛围中感受团体的动力，在活动体验中感受、领悟、澄清、反思、分享以及成长，尝试学会用积极乐观的思维去解读过去和当下的经历，学会用适应性的理念解读自己的压力和挫折，减少认知偏差带来的情绪和行为困扰，形成积极乐观的思维模式，感受团体活动带来的积极情绪体验，提升个体的心理健康水平。

（一）活动目标

运用理性情绪疗法和团体心理辅导技术，在团体活动中，通过认知干预、情绪调节、积极应对策略及社会支持等训练，培养成员乐观型人格，促进个体不断地体验、反思和行动，提升心理健康水平。

（二）活动对象

本活动属于发展性小团体活动类型，成员为在校大学生，通过自愿报名与选拔相结合式招募组员，不超过 12 人。

（三）活动时间与地点

活动每周 1 次，每次 90 分钟，共 6 次。

活动地点为学校心理辅导中心小团体心理活动室。

三、活动方案

大学生乐观提升团体心理辅导活动方案见表 7－2。

表7－2　大学生乐观提升团体心理辅导活动方案

次序	主题	活动目标	活动主题	乐观因素
1	快乐相逢	1. 营造温暖和谐的团体氛围。 2. 明晰期待，建立团体规范。 3. 引导学生了解乐观理论。	1. 团体性质简介。 2. 热身活动：《大风吹》。 3. 组员澄清目标，制定团体契约。 4. 讲解乐观理论并填写《大学生乐观量表》。	合作、交流、归属感、乐观
2	积极心态	1. 了解认知对乐观心态的重要性。 2. 用理性情绪疗法，帮助学生学会积极的认知调整。	1. 角色扮演：宿舍人际关系；用理想情绪疗法探讨其中的ABC，并尝试解决问题。 2. 改变头脑中储存的印象；探索自己习惯的思维模式，并尝试进行积极转化。 3. 分享与讨论。	认知
3	握住我的青春	1. 帮助学生意识到自己的责任。 2. 发掘自身的资源。	1. 我的困境：探索在不同领域中自己遇到的困难，以及自己的应对方式。 2. 寻找我的资源：探索自己在困境中的保护资源。 3. 分享与讨论。	应对策略
4	没有人是一座孤岛	1. 了解自己的交往现状，学会主动交往。 2. 感知自己周围的人际资源。 3. 通过沟通合作，赢得更多朋友。	1. 我的友谊之花：通过愉悦的小组互动，探讨和发现人际交往的重要性，并探索积极心理品质在人际交往中的作用。 2. 人际交往技巧：分享《早班车的故事》并讨论，帮助学生在交往中学会真诚表达、用心倾听、学会接纳，赢得更多朋友。 3. 分享与讨论。	社会支持

（续上表）

次序	主题	活动目标	活动主题	乐观因素
5	情绪调控训练：绿色的草地	1. 了解和评价自己常用的情绪调适方法。 2. 增强情绪调适意识和能力。	1. 热身活动：雨点变奏曲（通过动作激发学生的积极情绪）。 2. 乐观有妙招：通过分析自己快乐和乐观的方式，相互借鉴发现自己的思维误区。 3. 插上积极的翅膀飞翔。在真人游戏中帮助学生区分积极思维和消极思维，并尝试对消极思维进行转化。	情绪调节
6	开心话别	1. 总结提升乐观的策略。 2. 回顾与展望。	1. 组员分享活动中的成长故事。 2. 提供留言卡，组员间爱心留言。 3. 填写《团体心理辅导总结》。	情绪体验

第八章　可持续开发的心理资源：韧性

名人名言

咬定青山不放松，立根原在破岩中，
千磨万击还坚韧，任尔东西南北风。

——郑板桥

案例导读

陷入谷底，重新启航

案例描述

晓林正在宿舍处理毕业论文的实验数据，这时手机铃声响了起来，一看是家里打来的电话。

“晓林，你在做什么呢？”妈妈的声音异常低沉。

“我在写毕业论文呢，怎么了？”晓林回答。

“你爸爸……”，这时候，妈妈已经泣不成声。

“爸爸怎么了？”晓林焦急地询问。

“你爸爸在医院查出癌症晚期，你说怎么办呢？”

妈妈的电话宛如晴天霹雳，把晓林吓蒙了。今年大四的晓林，是家里的独生女。爸爸非常宠爱女儿，从小到大，连一句重话也没有对晓林说过。晓林也非常听话懂事，一直以来都是爸爸的骄傲，父女的感情非常好。

晓林立刻请假回家看望爸爸，因为病情严重，不到一个月的时间，爸爸就走了。原来那个疼爱他的爸爸突然就冷冰冰地躺在床上，怎么叫也没有反应。捧着爸爸的骨灰盒，晓林的心像是被刀挖走了一块，疼得没有知觉似的。爸爸一直是家里的主心骨，是母女的依靠，在晓林的心目中，爸爸就像是一棵枝繁叶茂的大树，在他的保护下，自己这棵小树苗才能健康快乐成长。可是现在大树倒下来了，小树就不知道接下来怎么办了。这时的妈妈也沉浸在沉重的悲恸中，难以自拔。

因为要忙着毕业论文的事情，晓林把家里的事情处理得差不多就赶紧回学校。

回到学校后，每天她都会想起曾经与家人在一起的种种快乐的情境，回忆起和爸爸生活的点点滴滴，几乎每个晚上都做了同样的梦——爸爸回来了，爸爸又好了……可是梦醒之后，晓林的内心更加难过和失落。

过去，爸爸是家里的顶梁柱，大事小事都有爸爸拿主意。爸爸一走，晓林觉得生活充满了焦虑和无助。自己好像什么事情都不会处理，也不想处理，生活过得一团糟糕。一个多月过去了，每天晚上一睡觉，晓林就会梦到爸爸；听到舍友和父母通电话，自己心里就特别伤心。晓林觉得，爸爸的去世带走她和妈妈所有的幸福和快乐，从此，她的生活不再会有阳光。她总是希望能够回到从前，总是希望能够继续在爸爸的保护下，永远做爸爸最心爱的小公主，可是这一切都回不去了。

为了帮助晓林更快地走出丧亲的痛苦，年级辅导员经常陪晓林聊天，同学们也很关心她的生活需求。辅导员告诉晓林，大家都知道她很伤心和难过。爸爸的突然离世，对晓林来说是一个很大的打击，这种丧失亲人的痛苦和无助是非常难受的，但大家都希望看到晓林能够慢慢地从痛苦中走出来。辅导员引导晓林客观地评估自己的身心状态，探索适合自己的方式方法合理安排学习和生活。在老师的帮助和安慰下，晓林慢慢地改变了自己不理性的想法。虽然，爸爸是离开了，但是爸爸希望自己和妈妈要好好工作和快乐生活。过去爸爸在的时候，自己就是一个比较独立的孩子，自己也曾经在爸爸临终前答应过，要好好陪伴妈妈。晓林很想念爸爸，但是她告诉自己要好好生活，好好照顾妈妈，让天上的爸爸安心和放心。她把对爸爸的思念放在心里，用心去完成毕业论文，努力去找工作。她偶尔会对着爸爸的相片唠唠家常，相信爸爸一定能听见……

思考讨论

1. 在经历爸爸离世的重大挫折时，晓林体验到哪些痛苦的感受？
2. 有哪些资源帮助处于困境中的晓林重新启航？

案例分析

家人离世所带来的痛苦使大学生可能经历严重挫折，容易诱发心理危机，甚至是严重的精神障碍。当学生经历类似的危机的时候，个人的心理素质、适应能力、应对方式以及外界的资源都会影响到个体应对危机的时间和效果。对大部分人来说，丧失家人带来的挫折和心理危机反应，其程度和持续时间通常不会给生活带来永久的影响。经过一段时间的恢复，个体可以重拾生活的信心和动力，在身边人的支持和关心下，逐渐从丧失中走出来。然而，如果心理危机持续时间过长，程度过强，那么就需要更多的关注和干预。

家人的离世，对所有人来说都是一次非常重要而艰难的挫折经历，而晓林从小到大一帆风顺的成长环境和父母的宠爱，使得父亲病逝之后，晓林感受到很强烈的挫折感和丧失感。再者，晓林和爸爸之间深厚的情感，也使得这次生与死的离别变得更为艰难。这时，在辅导员的开导下，在同学的关心下，晓林慢慢调整自己的状态，重新投入学习和生活中。

当经历重大变故的时候，个体容易对挫折产生错误的思维和信念，因此，应该着重了解个体对挫折事件所持有的非理性信念和自我否定，进而帮助个体重新获得对生活中危机和挫折的控制感。个体在经历家庭变故等重大挫折时，个人的社会支持系统是一个非常重要的保护因素，能够发挥很重要的作用，来自他人的物质和精神上的帮助和支持能帮助个体渡过难关，例如，老师、同学、朋友和家人都是学生重要的社会支持系统。当个人遭遇挫折陷入困境时，社会支持系统统可以给个体以温暖和陪伴，帮助个体调整自己，增强自身的勇气和能力，采用积极的应对策略，重新认识生活的价值和意义。

在曲折蜿蜒又荆棘丛生的人生路途上，有人心生抱怨，有人把挫折当作成长的契机，"那些打不倒你的，终将使你更加强大"。为什么会有这两种截然不同的人生态度呢？这是因为每个人内心的韧性不一样。韧性作为心理资本中的一个维度，可以通过开发和训练，使个体拥有更多的心理能量。与自我效能一样，韧性也是一种状态，它并不像人格特质那样不容易改变，但也并非一种短暂的现象，韧性可测量、可开发、可训练提升。

第一节　韧性的研究

学界认为，韧性是一个动态的发展过程，下面对此概念进行详细阐述。

一、韧性的定义

韧性原意为物体受力时跳起或弹回。在心理学研究中，对韧性有多种译法，比如心理弹性、抗逆力等（席居哲等，2008）。诸多研究者认为，韧性是个体在压力和逆境下相互作用的动态历程，但美国管理学家路桑斯（2002）的研究指出，除了逆境、冲突、失败等不利因素产生逆境，积极的改变与进步、沉重的责任也可使个体产生韧性。美国心理学家理查森（2002）认为，韧性是希望、乐观、自我效能的交互作用与协同作用，超过之前的体内平衡。韧性是当身处逆境或被问题困扰时，能够持之以恒，迅速复原并超越，最终取得成功（Luthans、Youssef，2007）。韧性的定义仍处于百家争鸣的状态，这也说明了韧性现象的复杂性，需要研究者在整合中谋求共识。在诸多定义中，有侧重于能力性定义，有侧重于过程性定义，有侧重于结果性定义，也有对各种要素加以整合的综合性定义。

（一）能力性定义

早期的研究者关注韧性个体具有的特征和能力，认为韧性是个体与生俱来的特质，能使个体免于危险因素威胁与损害而成功地适应环境（Benard，1995）。也有研究指出，拥有韧性特质的个体之所以有应对压力和逆境的良好能力，是因为个体在应对压力情境时使用了特定的技巧或能力，这些技巧或能力既受到遗传因素的影响，是个体与生俱来的能力特质，也有从成长经历中学习的能力。美国心理学家马斯特斯（2001）认为韧性是相当普遍的，是正常应对技能的一个基本特征，并非早期研究人员所强调的那样具有不寻常性。我国台湾学者朱森楠（2001）提出了综合性的观点，指出韧性是个体的认知或情感的心理特质，包括人格特质与自我概念，如责任感、弹性、适应性等。

（二）过程性定义

韧性的过程性定义主要强调三点：一是强调韧性为动态发展的过程。英国心理学家鲁特（1993）认为，动态发展是韧性的本质，韧性并非一成不变的个性特征。二是在韧性定义中引入情境变量，强调韧性是个体与情境的保护因素和危险因素的交互作用。韧性是对压力和创伤事件的积极反应，是一个面对危机情境的历程，保护因素能够帮助个体对抗压力和逆境，强调人与环境的互动过程。三是从个体所处系统的水平研究韧性。基于发展系统理论的思想，研究者从动态、系统的视角来定义韧性。美国心理学家马斯特斯（2018）认为，韧性是一个系统成功地适应威胁其功能、生存能力或发展的重大挑战的能力。而且，如果系统是完整的，即使有挑战，儿童也可以获得正常的发展。澳大利亚学者沃克和瑞典学者福尔克（2004）提出了韧性的社会生态模型，其特别重视韧性的文化与情境差异。他特别强调，要以文化上有意义的方式解释与适应相关的过程和结果，他认为韧性的定义应突出两个关键词——导航和协商。韧性就体现在如何导航到维护健康的资源，及为有意义的方式提供资源而协商。福尔克特别强调韧性的社会性，她认为，面对创伤，人们往往表现出相当大的适应能力，他们不仅通过内在的力量，而且通过社会关系来适应。对韧性的这种动态过程、系统视角的定义，更接近韧性的本质，是理论上的创新，对韧性的干预也很有启发。但是，如何对这种动态过程或者系统的韧性给出操作定义，进而进行科学测量，仍是韧性研究没有很好解决的问题。

（三）结果性定义

韧性表现为一种积极适应的结果。美国心理学家马斯特斯（2001）表示，韧性并非一项天生具有的特质，而是当个体面临困境时，通过其支持资源或保护因素产生积极适应的结果。美国管理学家路桑斯等人（2000）也指出，韧性是指个体即使经历了巨大的逆境，也能达成积极的适应，韧性包含下列两项关键性概念：一是个体需处于严重的逆境中；二是即使在逆境中，个体仍能达成积极的适应。当个体处于困难或危机中时，如果原先预期的结果是消极的，个体却能展现良好的适应或行为结果，则称个体具有韧性。同时，一些研究者认为积极适应只是韧性表现的结果，并不能完全等同于韧性本身，与风险对抗的过程才能真正体现个体的韧性。

（四）综合性定义

基于韧性研究的复杂性，一些研究者对其进行综合性的定义。美国学者马斯特斯等（1990）认为，韧性包括高风险儿童的积极适应结果、压力情境下儿童的可持续发展能力以及创伤后的恢复。这一对韧性的解读具有综合性，与前面所述能力取向、过程取向和结果取向的定义有所交叉和重叠。美国学者佐塔拉等（2011）认为，恢复、可持续发展、成长等三个特征组成韧性的科学话语。美国学者博南诺（2004）指出，童年负性成长环境下的韧性是遗传（如先天倾向）、个人（与家庭互动的情况）和环境（社会支持系统）的风险与保护因素相互作用的混合物。

我国学者马伟娜、桑标和洪灵敏（2008）认为，尽管各位研究者从不同角度对韧性进行界定，但总体来说有两点是共有的，即个体遭遇逆境及积极适应。

二、韧性影响因素

韧性在发展历程中涉及两组因素：一组是危险因素（或称危险因子或危机因子），即增加个体危险程度、不利个体发展的因素；另一组是保护因素（亦称保护因子或保护性因素），即缓解逆境或危机，帮助个体抵抗危险处境和不利因素的影响，达成积极适应的结果的因素。有研究者指出，基于文化的差异，家庭环境、成长经历与社会资源的不同，个体在面对挫折与逆境时会采用不同的应对策略，为此，韧性具有文化上的独特性。虽然如此，在不同文化中仍存在一些共同的保护因素，包括爱与支持、目标和榜样、希望与乐观、寻求帮助、负责心及良好的家庭环境。

（一）保护因素

保护因素能够带给个体正向的适应结果，避免或减少负向结果。保护因素指那些可以帮助个体免受危机所带来的负面影响的优势及资源。优势是指向个体内部的因素，即内部保护性因素。内部保护性因素包括两个方面：一是生理因素，被认为可以增强韧性的因素有身体素质、身体吸引力；二是心理因素，包括积极的思维、高自尊、自我效能、内部控制、能力、乐观、复原力、应对技巧等。理查森（2002）的研究试图分析个体韧性的良好品质，他主要从认知、情感、能力与人格等方面进行概述。资源也是一种可以帮助个体应对危机的保护性因素，它们存在于个体自身之外，强调社会环境对个体健康发展的影响，这些资源可以促进个体积极适应与发展，被称为外在保护因素。

英国心理学家鲁特（1990）指出，儿童的心理韧性与家庭、学校环境和社会支持水平高度相关。①家庭因素：个体如果能成长在温暖、亲切和不断给予支持的家庭中，即使面对逆境，也能更好地适应；家庭凝聚力、友好的家庭环境和关爱的父母可以很好地保护年轻人的发展。②学校因素：良好的师生关系及同学关系、在学校中的快乐体验或积极经历是个体韧性的保护性要素。鲁特在1987年的研究中发现，在情境并不令人满意的家庭中成长的个体一旦获得来自老师和朋辈群体的关爱与支持，也是有极大的概率比其他人表现出更多的韧性的。③社会因素：良好的社区环境、公共医疗保健和公共服务体系，能够提升个体的安全感和归属感，促进个体在压力情境境中积极地适应。我国台湾学者曾文志（2006）收集了相关韧性保护因素的研究，指出14项保护因素对个体韧性具有效果，依次排序为外在支持系统、家庭层面及个人特质方面。

（二）危险因素

危险因素指影响个体身心健康，或容易导致负面结果的情境或事件。早期关于高危模式的研究认为，高危机个体来自遗传与家庭问题的易受伤害性，容易降低个体对环境压力的承受程度，使个体容易适应不良，甚至罹患精神疾病，或是与药物滥用及犯罪行为有关。

美国学者默里（2003）整理了相关研究文献，指出危险因素分为四类：一是个人危险因素，包括性别、种族、药物滥用、情绪问题、低学校出勤率、低学业成就、缺乏问题解决策略、负性重大生活事件；二是家庭危险因素，包括混乱的家庭教养模式、冲突的家庭氛围、低社会地位等；三是学校危险因素，包括危险的校园环境、教育质量低下、很少有机会参与学校活动、缺乏同伴及人际关系；四是社区危险因素，包括社区高犯罪率及暴力事件、很少有机会参与社区活动、缺少他人的支持与发展机会。美国学者弗雷泽（2006）的研究显示，儿童及青少年的危险因素包括三种：一是环境因素，包括不利的政治因素、经济不景气、经济条件差、邻里间的相互帮助缺乏；二是人际及社会因素，包括家庭不和谐、亲子联结疏远、亲子沟通缺乏技巧、父母有酒精及药物滥用的习惯、学校的失败经历、积极正向的同伴关系缺乏、结交不良的朋友；三是个人因素，包括有家族酗酒史、喜欢追寻刺激、缺乏专注力、低自我控制等。可见，危险因素可能来自生物遗传、心理或社会等多样化的领域。而这些个人或环境的特质、经验或事件与适应不良的结果相关，因此在许多韧性研究中成为逆境指标。真实生活中的危机因素不是单一的事件或环境，单一或少数的危机因素或许对个体的威胁可能不是很大，但经过长期不断的累积，会引发个体出现功能性的危险，从而造成对个体的重大的负面影响。

另外，有研究者提出“危机树”的系统性架构，整合有关青少年的危机因素，并从生态观点来分析青少年危机的成因和范围（刘智菁，2013）：从危机树的土壤（包括家庭社会地位、政治现状、经济状况、文化因素及社会变迁等环境因素）、两大主根（功能不良的家庭及家庭环境的限制）、树干（个人特质缺陷，缺乏韧性）、树枝（结交不良同伴和社会适应不良），到最后结成的果实，即危机个体，进行分析。

综上所述，危险因素可能是个人因素、特殊事件、特殊环境因素或日常生活中的单一独立事件，也可能是多种危机因素共同作用形成的，如疾病、贫穷、家暴等，危险因素愈多，对个体身心发展愈不利。

三、韧性的测量

关于心理韧性的测量，不同研究者的研究视角不同，出现了差别较大的心理韧性测量工具，如心理韧性量表（Resilience Scale，RS）、CD 心理韧性量表、青少年心理韧性量表（Adolescent Resilience Scale，ARS），但它们都强调个体和社会环境交互作用。

（一）心理韧性量表

心理韧性量表由美国心理学家瓦格尼尔德和杨在 1993 年共同编制，共 25 道题目，是国外第一个心理韧性量表。其包含两个分量表，分别是个人能力和自我接纳，采用的是七点计分制。

（二）CD 心理韧性量表

CD 心理韧性量表由康纳和戴维松共同编制，共 25 道题目，包含个体能力、生活控制感、消极情绪忍受度、能够接受变化以及信仰五个维度，采用的是五点计分制。我国学者后来将此量表修订成了中文版，于肖楠和张建新（2007）以 19—67 岁的成年人为被试，翻译和修订了康纳和戴维松的心理韧性量表（CD - RISC），得到了中文版的 CD - RISC，在国内得到了广泛的认可和应用。

（三）青少年心理韧性量表

中国学者胡月琴和甘怡群（2008）在对我国的一部分青少年展开访谈后，编制了青少年心理韧性量表，由积极认知、目标专注、情绪控制、家庭支持、人际协助五个维度组成，整个问卷一共有 27 道题。采用的是五点计分制，该量表常用于青少年，具有针对性强、适应性广泛等特征。

四、韧性的相关研究

综合梳理国内外韧性研究的相关文献，发现其大致包括韧性与心理健康、韧性与人格特质、韧性与社会支持、韧性与幸福感以及韧性与应对方式等研究主题。

（一）韧性与心理健康

韧性是心理健康的下位概念，研究表明，韧性与心理健康往往呈现出正向影响变化。研究者深入探讨了韧性与学校心理健康教育的关系，以及如何培养韧性从而推动学生的心理发展（Doll，1998）；在社会生态理论的影响和指导下，一些研究重点放在危险因素和保护因素的相互作用下，探讨韧性对战争环境中儿童心理健康的影响（Betancourt，Khan，2008）；我国学者涂阳军和郭永玉（2010）则更注重探讨影响创伤后促进个体成长的因素及其与心理健康的关系；一项对影响无家可归儿童和难民儿童心理健康的危险因素和保护因素进行纵向追踪研究，探讨了韧性和心理健康之间的互动及关系（Fazel，2012）；探讨韧性与心理健康的关系后，确定了韧性的三个主要组成部分：安全依恋、积极情绪和有目的的生活（Rutten，2013）。研究还指出，个体压力的敏感性对韧性具有重要的作用。高登峰的研究指出，中学生韧性与心理健康有高强度的关联性。韧性这一概念往往代表人在面对困难或逆境时可以恢复至平衡状态，同时积极应对压力。无论是作为一种心理特质或是一个动态过程，韧性对心理健康的影响及其作用都引发了研究者的广泛关注。

（二）韧性与人格特质

过往研究表明，韧性与人格之间是存在相关性的。个体拥有积极的人格特质，往往会在面对困境和压力时，选择更加积极、操作性更强的应对方法（Medvedova，1998）。研究发现，心理韧性与人格中的好社交、良好的人际关系能力、情绪的稳定性、责任心、积极的自我肯定、热情和乐观等因素呈正相关（Block，2001）；研究也指出，心理韧性与大五人格中的神经质呈显著的负相关，与外倾性和责任感呈正相关（Campbell - Sills，2005）。我国学者张海峰（2012）通过对607 名大学生进行调查研究，发现现实生活事件和热情特质两个因素对韧性具有显著的预测作用。白晓旭（2017）研究发现，人格特质的四个维度能够显著正向预测学生的韧性。总而言之，韧性和人格中的大部分人格特质都存在不同程度的显著性相关，即人格是心理韧性的内在保护因子。

（三）韧性与社会支持

研究表明，韧性与社会支持存在正相关。对青少年心理韧性的跨文化研究发现，大部分青少年认为自己能从逆境中恢复过来，他们能否走出困境这取决于他们是否能得到足够的支持和关爱（Hunter，2001）。我国学者骆鹏程（2007）面向留守儿童的研究，指出现实社会支持和人格可以预测留守儿童的心理韧性。晁粉芳（2010）在研究大学生的心理韧性时发现，接受的社会支持越多，其心理韧性水平越高；但使用的社会支持越多，心理韧性水平反而会越低，此现象意味着如果对过多的社会支持使用不当的话，社会支持反而不利于个体心理韧性的发展。张丽霞（2012）指出，中学生的主观社会支持与心理韧性的相关度最高，其次为客观社会支持和心理韧性，回归分析表明，主观社会支持、客观社会支持和社会支持利用度均能正向作用于心理韧性。姬彦红（2013）指出，社会支持有利于促进个体心理韧性的发展，进而提升个体生活满意度（冯志远等，2016）。大学生的社会支持越多，心理韧性水平越高，进而对未来的期望也会更加乐观（朱美侠等，2016）。

（四）韧性与幸福感

研究普遍指出，韧性与幸福感有正相关。研究发现，在不利条件下，具有高度心理韧性的个体能够更好地保持幸福体验，继续追求他们的目标，从而获得幸福和有意义的生活（Ryan，2001）。在不利或高压的条件下，心理韧性对个体的幸福感具有积极影响，且积极情绪可以很好地调节心理韧性和幸福感之间的关系（王永、王振宏，2013）。研究还指出，心理韧性具有灵活性，能够帮助个体调动各种资源来适应环境变化，保持个体高水平的幸福感（Waugh et al.，2011）。我国学者吴胜涛等（2010）对地震灾区遇难者家属展开了以心理韧性为核心的研究，研究结果表明个体韧性和社会支持与震后生活满意度呈现显著正相关。

（五）韧性与应对方式

已有多项研究关注心理韧性对应对方式的作用及影响。通过对韧性的认知、应对方式和心理健康之间关系进行研究，发现韧性的认知、负性生活事件及其应对方式对个体的心理健康和身心功能有直接影响（Beasley et al.，2003）。我国学者张智（2005）的研究指出，积极的应对方式与心理韧性之间为正相关关系，而与不切实际的想象、退缩、回避和抑制则与心理韧性呈现负相关。陈珍妮等（2012）对生活在地震灾区的初中学生的心理韧性进行调查，指出心理韧性的影响因素包括受灾程度、自尊、社会支持和积极的应对方式。

第二节　开发路径

韧性是指个体面对生命中各式各样的挑战与困境时，尽管会感到苦恼、迷茫、困惑，但不会被击垮，并能够如同弹簧一样，恢复成原有的状态，甚至比原先的状态发展得更好。可见，培养大学生的韧性尤其重要，其具体的作用机制和培养途径是怎样的呢？

一、大学生韧性的作用机制

目前，尽管学界对韧性的研究还没有形成统一的概念，对于韧性的内在结构也没有达成共识，但在进行科学研究时，一般认为韧性涉及两个因素：保护因素和危险因素。如本章第一节所述，保护因素就是能减轻不利处境对个体消极影响的因素。这些保护因素既可以是个体的外部因素，如社会支持，也可以是自身的优势资源，如自我效能。对于韧性作用机制的研究，就在于揭示保护因素和危险因素是如何互动的；可以通过怎样的途径培养和提高心理韧性，使大学生能够克服逆境，达到良好适应的发展状态。国内外学者提出或归纳的作用机制主要有以下四种：

（一）加梅齐的理论模型

美国心理学家加梅齐（1984）最早提出韧性的三种理论模型，即补偿模型、挑战模型和保护模型。

1. 补偿模型

补偿模型主张在危险性和保护性因素的共同作用下，能预测个体的发展结果。在此过程中，两者的作用机制是：保护因素能够对抗危险因素的负面影响，补偿危险因素对个体带来的危害，从而帮助个体顺利度过危险的情境。

2. 挑战模型

挑战模型认为，危险因素带来的不仅是危险，也有可能是机会，经历挫折的个体，只要不被挫折打倒，其心理韧性也会在一定程度上得到增强，其愈挫愈勇的心理品质得到锻炼。

3. 保护模型

保护因素能提升个体的应对水平，缓解危险因素对个体的消极影响，发挥缓解器或调节器的作用，即保护因素可以调节或减少危险因素对个体的冲击和侵害。

（二）鲁特的发展模型

英国心理学家鲁特（1990）在对已有研究加以整理和总结的基础上，将研究焦点放在韧性如何帮助个体抵抗压力方面，并提出了以下四种发展模式的作用机制。

1. 减缓危险因素的不良影响

一定程度上减缓危险因素对个体的冲击这一目的，可以通过修正个体对危险因素的非适应性认知、尽量避免或减少与危险因素进行接触等方式来实现。心理健康工作者应通过教育引导，帮助个体在危险性较低的环境下学习成功地应对危险因素，从而提升个体应对逆境的能力。当真实危险情境来临或者更大的危险状况出现时，危机因素对个体的不良影响将会得到降低或缓解。

2. 降低消极连锁反应

不断累积的危险因素会引发并加重个体的适应困难，从而导致其处于失衡的状态。韧性的提升则可降低不良连锁反应的产生和持续作用，可以通过修正适应不良的应对方式及减缓负向效应的影响，帮助个体从挫折中重新振作起来。

3. 促进个体自我效能与自尊

建立自我价值感和提升自尊水平，能提升个体的抗压能力，使个体有能力克服困难和挑战。安全的人际关系、问题的成功解决或是发展专长，都有助于形成积极的自我概念，提升自尊水平。

4. 创造机会

提供相关的学习或增进自我效能的机会，帮助个体获取资源，并产生希望。建立保护性机制不是为了避免或逃避负面环境的影响或应激事件的发生，而是为了不断利用自身的优势和外部环境资源来减轻危机事件对个人的负面影响。降低消极连锁反应的负面影响，促进个体内在资源的开发，使个体更有能力面对困境、适应挫折，更相信自己能跨过障碍，获得良好的发展状态。同时还要注意到，个体的韧性是动态的、发展的，不是一成不变的。应注意到个体的保护因素和所面对的逆境压力大小之间的对比，如果个体的保护因素不足以承受压力，那么韧性也会减弱，个体甚至会崩溃或瓦解。

（三）康普弗的韧性框架模型

美国心理学家康普弗（1999）在综合他人研究的基础上，提出韧性框架模型，见图 8－1。韧性动态适应过程的框架模型是建立在社会生态模型和个体—过程—情境模型基础之上的。

在图 8－1 中，第一个椭圆构造部分描述的是环境/情境中保护因素与危险的交互影响作用，环境/情境包括家庭、社区、文化、学校、同伴群体等，在此过程中，保护因素发挥应对危机因素的缓冲功能。一般情况下，个体遭受少数危险因素的冲击，仍能保持良好的适应状态，但是危险因素如果超过个体的承受能力，个体就可能适应不良；反之，减轻这些危险因素的冲力可以通过增加保护因素来实现。

第二个椭圆展示了个体与环境的相互作用，包括个体对环境有选择的觉知或对环境有意无意的改变。作为输入刺激的压力源或挑战，个人如何看待、评价和解释压力是一个人感受到的压力或挑战的严重程度的决定性因素，虽然人们不能选择自己将会面临什么事件，但可以通过成功解决负面事件而获得成长。

第三个椭圆包含个体内在韧性因素的5个方面，分别是认知（智商、学习及工作能力、观察力、自尊、计划能力、创新能力等）、情感（情绪稳定、积极乐观、情绪调节策略等）、身体（良好的睡眠和较强的体能等）、行为（问题解决能力、同理心和人际社交技巧等）、精神（梦想、人生目标和意义、独立性、内部控制、希望和乐观、决心和毅力等）。

心理韧性过程指的是在外部保护性的环境过程没有补偿压力与挑战时，个体会借助内部的心理韧性因素来应对危机，直至达到内心的平衡状态。韧性结果表现为三种：第一种是韧性重组，即变得更强并达到一个更高的韧性水平；第二种是动态平衡重组，即退回到危险因素出现之前的初始状态；第三种是适应不良重组，即个体的韧性水平停留在很低的状态。

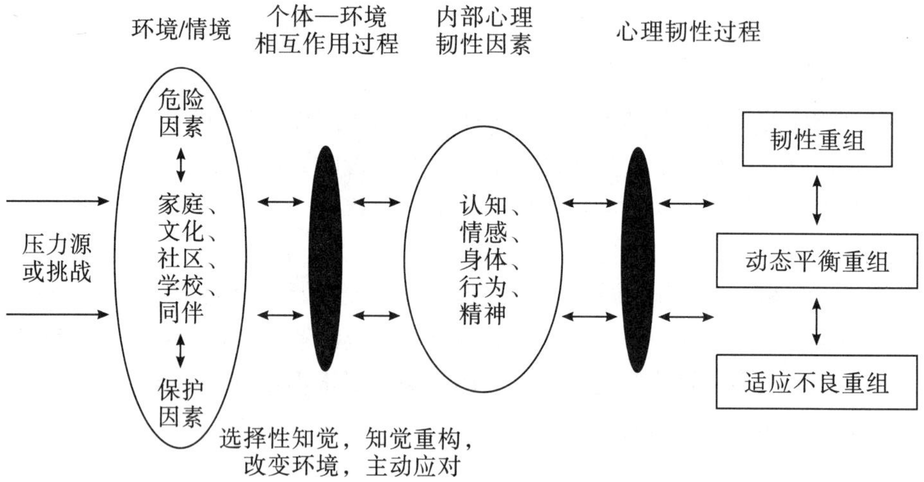

图8－1　康普弗的韧性框架模型图

（四）理查森的韧性过程模型

美国心理学家理查森（2002）提出韧性过程模型来描述保护因素的运作与维

持个体动态平衡间的关系（图 8－2）。他将个体视为生理、心理、精神的统一整体，一般情况下，个体处于一种动态平衡的状态。当压力或逆境来临时，平衡状态被打破，个体会调动内在保护因素来帮助自己恢复平衡状态，以缓和危机因素带来的冲击和破坏，呈现出相互作用后的稳定和平衡状态。此过程可能会产生四种结果：第一种是心理弹性重组，即个体系统平衡不仅恢复到原先的水平，而且有了进一步的提升，达到更高的平稳状态；第二种是回归性重组，即个体的身体、心理、精神虽然恢复到原先的状态，但未能实现心理上的成长；第三种是缺失性重组，一个人会放下一些旧的动机、信念或冲动，以满足达到新的平衡状态的目标，心理韧性较低，丧失希望；第四种是机能不良重组，即在既有的保护因素不足以对抗外在的压力时，个体将经历崩溃的心理过程，无法建立平衡状态。韧性过程模型还强调挫折对个体成长的意义，当个体无望应对挫折、出现失衡状态时，会进行重新整合，这种整合也极大可能产生更高水平的韧性状态，这意味着挫折也可以对个体的成长产生有利影响，在一定契机下成为成长的机会。

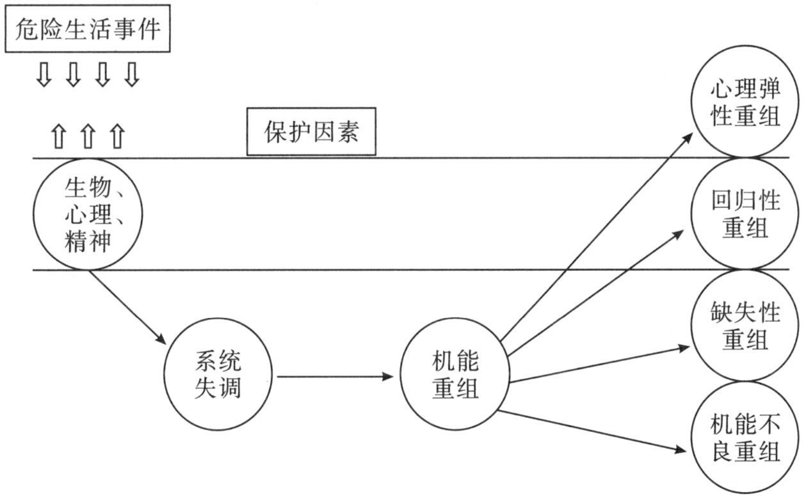

图 8－2　理查森的韧性过程模型图

以上四种理论模型从不同角度分析了韧性的作用机制，阐述了保护因素和危险因素是如何对韧性产生作用的。总体来说，当前关于韧性的两种因素如何作用仍处于众说纷纭的阶段，研究者尚未能就保护因素和危险因素如何相互作用产生韧性、何种特质最能提升个体韧性达成定论，但各研究者所做的研究、发表的观点，仍为我们的研究提供了相关的理论依据，我们可以通过发展和健全大学生身上的保护性因素来提升大学生心理韧性水平。

二、大学生韧性的培养途径

个体积极主动调用内外保护性资源应对压力或不利情境，实现自我适应和自我完善，这种积极心理资源，既不是天生的，也不是不可实现的，它更倾向于具有普遍性特征。积极心理学认为，心理学不能仅仅关注有心理问题或障碍的人，社会所有成员都应当被关注，培养积极健康和适应良好的心理状态要放在重点关注位置；心理学的最终目标是促进个人、群体和社会的整体发展，实现自我人格的完善。

韧性潜能是任何个体都拥有的，培养韧性的关键在于提高大学生韧性的保护因素。内在保护因素和外在保护因素共同组成保护因素，见表 8－1。内在保护因素指个体已经拥有的或通过学习得到的、具有保护作用的能力和特质；外在保护因素则存在于个体自身之外，有许多方法可以获得和培养这种潜能。研究表明，发展积极的韧性、建立友好的客观环境支持网络，有助于推动个人心理韧性潜能得以发挥。

表 8－1　韧性保护因素

因素	层面	保护因素
内在保护因素	个人积极特质	自我效能感
		自尊
		积极情绪：乐观、希望
		问题解决
		自我控制能力
		人际互动能力
外在保护因素	家庭层面	家庭环境
		教养方式
		良好的亲子关系
	外在支持系统	学业成就
		同伴关系
		参与有意义的活动
		其他成人或社会支持

（一）内在保护因素：培养个体积极的韧性特质

受积极心理学理论影响，心理学将研究重点从分析消极心理问题转向以积极视角探索如何挖掘个体的内在潜能，激发人类的潜力来克服逆境。积极的韧性特质是一个人的人格特质，助力个体从容应对挫折的出现，成功适应新环境并获得人生的积极发展。高韧性的个体具备的积极个性特征主要包括自尊、自信、自我效能感、自我掌控感、对经历的认知、情感加工风格、计划能力、良好的沟通能力和问题解决能力等。在培养韧性特质的方案中，国际心理韧性研究计划所倡导的“我有”“我是”和“我能”策略是发展韧性特质的一个著名且有效的方法。从“我有”的角度探索个体自己拥有的内在和外在资源；通过“我是”帮助个体发现自身内在的力量（个人的感觉、态度及信念等）；以“我能”引导学生感知并认识到自身的优点与潜能，发现和发展人际技巧和问题解决能力（沟通能力、幽默、创造力、毅力等）。

此外，学习和掌握与抗压能力有关的理论知识和技能技巧，可以有效提高个人的抗压水平和韧性水平。由于大学生群体的知识水平较高，有能力和意愿积极参与专题学习讨论、素质拓展训练、逆境想象等小组活动，以获得各种有效的沟通和交往技巧、合作能力、问题解决能力等。最终他们可以在积极乐观信念的引导下开展自己的行动，从而客观地看待逆境对个体的意义，并培养出坚毅的个性。教育者要善于引导学生不断深入地认识、接纳、调控和超越自己，帮助学生提升自信心和成就感等积极心理体验，这对促进个体心理健康的发展，实现心理韧性潜能起着关键作用。

（二）外在保护因素：建立家庭及外在支持系统

与韧性特质的内部保护因素相比，来自家庭、学校和社会的外界支持在促进韧性潜能实现的过程中也是必不可少的。重要的是，其能帮助个人在面对逆境时保持积极的适应和发展。这些非个体内部的而是来自外部客观环境的力量统称为社会支持系统，包括父母、亲友、学校老师和朋辈群体以及社会团体等，其既包含物质的支援，也包括情感的支持。

1．形成温暖的家庭氛围

在个体成长过程中，温暖与安全的心理需要如果能够得到满足，个体则会拥有安全感和归属感，并发展出健康的爱的能力，对外在的人际关系也会觉得比较安全，在遇到挫折或遭遇困境时也能够适应良好。

2．提供温暖支持的教养

每当孩子想探索心中的好奇、想尝试一样新的挑战时，如果家长能根据孩子的成长需要给予支持与理解，那么慢慢地，这个孩子在面对未知情境时就能养成自信与勇敢的态度；反之，孩子会对自己多一份胆怯与怀疑。父母的倾听与理解会让孩子在身处困境时缓解压力，不仅能提升其心理能量，同时也会使其更坚强地走出逆境，提升韧性水平。

3. 建立亲密的亲子关系

良好的亲子关系会让孩子在遇到困难时多一处心灵的栖息之地，可以放心地、自由地袒露内心的彷徨与踌躇。所以，父母要重视对孩子的陪伴与关注，多跟孩子交心，少责骂孩子；多一份沟通与鼓励，少一分忽视与否定。来自父母的积极关注、理解与接受，以及与父母的密切关系，都可以有效地协助个体培养韧性特质，这是培养个体韧性潜能的重要条件。

4. 合理看待学业成绩

学业成绩为学生成功应对学校日常学习活动中学业挫折与挑战（如学业滞后、学业挫败、考试压力）的能力，即指学生能灵活运用策略应对学业压力与困难，顺利渡过困境，获得良好适应。教师在评价学生时，应因人而异、多元评价，学业成绩只是其一，不能完全代替学生个体。应引导学生重视学业，通过学业考试测评出一段时间以来的学业表现，查缺补漏，增强自我控制能力。同时，还要引导学生共形成“不以分数论英雄”的班集体文化，认识到每个人都有独特的潜能，这样，没有能力获得优异成绩的学生也无须感觉到自卑和内疚。同样，总是名列前茅的学生也不能因为成绩好而骄傲自大，应更加全面、客观地看待自己和同学。合理看待学业成绩对每一个学生来说都是有裨益的，总是考不好或偶尔一次发挥失常的学生就不会产生过多的心理困扰，从而顺利度过不利的处境，发展出良好的韧性。

5. 提高同伴交往水平

从发展心理学的角度看，拓展人际关系是个体社会化的重要任务。也有研究表示，同伴关系是个体主观幸福感的关键来源（Brown，Larson，2009）。当个体遭受困难与挑战时，同伴关系可以作为情绪支持的来源，也可以作为问题解决策略的通道。良师益友作为个体的支持系统，对逆境的突破和韧性的提升起着重要的作用。反之，若交友不当，或没有获得同伴的理解与接纳，就会加重学生的困境，阻碍其韧性的发展。现在很多学校会利用第一课堂和第二课堂开展人际交往系列团体心理辅导活动来提升大学生人际交往知识和技能，这对于韧性的发展是一个很好的途径。

6. 鼓励参加有意义的活动

为学生提供展示自己兴趣和爱好的平台，引导学生参与形式多样的活动，以帮助学生发现自己的潜能与优势，提高自我效能感，建立积极乐观的心态，正确面对挫折与困难，提升心理韧性水平。学生参与社会实践和校园文化活动，其心理需求会多方面得到满足。同时，团队合作能力和解决问题的能力会得到提升，同伴关系会更亲近，个体自我效能和自尊水平也可得到有效提高，这对于大学生韧性的发展十分重要。

此外，师生间的关怀关系、学校对学生高度的期望也可以提高青少年的韧性，尤其是当家庭功能失调时，外在的社会支持系统会更好地发挥其作用。因此。政府的相关部门、社区组织、公益机构也有义务为大学生的成长以及韧性的发展承担一部分责任，如净化社会环境、为贫困家庭提供更多资源支持等，这些工作需要全社会的共同努力。

第三节　实践操作

美国心理学家康普弗的韧性框架模型提出，韧性因素包含五个方面，即认知、情感、身体、行为和精神。因此，基于韧性框架模型，本节的团体心理辅导方案从五个方面着手，探索如何提升大学生的心理韧性水平。

一、理论依据

（一）韧性框架理论模型

康普弗（1999）在整合相关研究成果的基础上，提出了整合性的韧性框架理论模型。这个模型显示了个人、环境和适应性结果之间的动态机制，以及外部环境的风险和保护因素、个人与环境的互动、内部心理弹性因素和个人适应性结果；说明了个人、环境和适应性结果的作用以及它们之间的动态机制和相互作用。

韧性能够预防或克服压力给大学生带来的伤害，帮助其在逆境中更好地恢复，令生活更加丰富和美好，韧性通过提升大学生信任水平，为未来不可逃避的逆境做好准备。这里，我们基于韧性框架理论模型，对个体的内在韧性因素进行了详细的分类和分析，并从个体内在韧性因素的五个方面入手进行设计，探讨提升大学生韧性的保护性因素。

（二）理性情绪疗法

理性情绪疗法也称“合理情绪疗法”，是美国心理学家艾利斯于20世纪50年代创立的。他认为，来访者由不合理信念导致的情感困扰可以通过这种心理治疗方法得到很好的解决，这是认知心理治疗中的一种。这一理论指出，外部事件并非引起情绪困扰的原因，真正的导火索是人们对该事件的看法、态度、评价等相关认知方式，因此单纯地改变外界事件对于想改变情绪困扰而言只是在做无用功，调整认知才能有效干预情绪和行为。他认为，外界事件为 A（activating event 的第一个字母），人们的认知、评价和信念为 B（belief 的第一个字母），情绪和行为反应为 C（consequence 的第一个字母），因此，其核心理论又称 ABC 理论。

（三）积极心理学理论

20 世纪 90 年代，美国流行一种崭新的心理学研究领域——积极心理学，人类自身的积极因素是这个领域关注的焦点，这个理论主张心理学应把人类固有、真实及潜在的力量和美德作为研究对象，在帮助有困难的人获得生存的权利并得到良好的发展的同时，更要帮助普通人获得高质量的社会生活。在塞里格曼看来，协助人们发现并利用自己的内在资源，进而提升个人的素质和生活的品质是积极心理学的价值体现。

（四）归因理论

归因理论是一种涉及评估和解释他人或自己行为结果的原因的动机理论。韦纳的归因理论大致可以分为三部分：一是个体的个性差异和成败经验等影响着其归因；二是过去绩效的归因将会影响到个体对下一次绩效行为的期望、情绪以及努力程度；三是个人期望、情绪和努力程度对成就行为有很大影响。

二、设计思路

本团体心理辅导方案展示韧性框架理论模型，结合大学生成长中经历的挫折事件，探讨韧性的不同发展结果，以及挫折事件给个体成长带来的积极意义。在此基础上，从韧性模型中的五类内在保护因素，即认知、情绪、行为、身体和精神等角度提升大学生的心理韧性的保护因子。同时，方案将在团体活动中发展韧性的外部保护因素（社会支持、人际关系及共情能力等），提升大学生的心理韧性及心理健康水平。

（一）活动目标

通过培养能够提升韧性的内在保护因素，发展外部保护因素，来提升大学生群体的心理韧性。

1. 树立积极的生活态度，激发乐观的生活情操。
2. 训练应对问题的能力，提升自我主动性。
3. 提高自我形象认同，更好地接纳自己。
4. 学习合作交流，建立良好的社会关系。

（二）活动对象

本活动属于发展性小团体活动类型，成员为在校大学生，通过自愿报名与选拔相结合的方式招募组员，不超过 12 人。

（三）活动时间与地点

活动每周 1 次，每次 90 分钟，共 6 次。

活动地点为学校心理辅导中心小团体心理活动室。

三、活动方案

大学生韧性提升团体心理辅导活动方案见表 8 –2。

表 8 –2　大学生韧性提升团体心理辅导活动方案

次序	活动主题	活动目标	活动流程	韧性因素
1	危机常相伴	1. 引导学生相互认识。 2. 建立团体契约。 3. 学习韧性及其理论模型，发现挫折的价值。 4. 形成积极的挫折观，积极看待生命中的麻烦和挑战。	1. 热心活动：爱心问候。 2. 团体契约。 3. 学习心理韧性的过程模型。 4. 回忆在生活中听到或亲自经历过挫折事件，并在组内分享。 5. 思考大学四年里可能发生的五个挫折和困难，并按承受程度由弱到强排序，在组内分享。	合作、交流、归属感、乐观
2	我的情绪我做主	1. 身心放松。 2. 掌握有效的情绪调节策略。 3. 学会运用 ABC 理论分析自己的情绪和想法。	1. 热身活动：风中劲草。 2. 结合学生真实的生活事件，讲解理性情绪疗法。 3. 提供不良情绪的场景，小组探讨解决方法。	身体、情绪、认知

（续上表）

次序	活动主题	活动目标	活动流程	韧性因素
3	乐观解释风格	1. 身心放松。 2. 用乐观的解释风格理性看待不良生活事件，学习积极归因方式。	1. 热身活动：幸福清单。 （1）成员围圈站立，根据指令，请后面的学生为前面的学生敲背、捶肩、捏肩膀等，可以围圈向前走动，走动两圈后问问大家的感觉。然后向后转，继续为前面的学生敲背、捶肩、捏肩膀等。 （2）根据自己的体验，列出所有有助于自己放松的活动，选出三个效果最好的方法，制定一份“幸福清单”，设定并公布自己想要从事的放松和减轻压力的活动清单。 2. 情绪管理标与本： （1）成员回忆过去的生活事件，并探寻其中的 A、B、C，写好放在小组中间的篮子里。 （2）每位同学从中随机抽取一个后对这位同学的不合理想法进行反驳，回复后写上自己的名字。 （3）物归原主后，每位同学在阅读后写上自己在看到别人的反驳后受到的启发。 3. 组员分享互动心得。	身体、认知
4	认识你自己	1. 身心放松。 2. 理解价值观对个人成长的积极意义。 3. 明确自己的价值观，并探索自己的价值观是如何形成的。 4. 尝试对自己现有的价值观作出修正。	1. 热身活动：放松操——兔子舞蹈。 2. 从自己熟悉的中老年人中，说出最希望自己将来的人生像谁那样，并描述出他/她的生活状态，然后分析自己对未来的目标和期待，涉及哪种幸福观。 3. 详细设想 15 年后的一天，你从早到晚的活动内容，根据憧憬的内容，分析自己属于四种人生目的中的哪一类型。 4. 对价值观的重要程度进行排序，看看自己接近哪一种价值观，然后让价值观接近的同学坐在一起，分享成长故事，讲述自己的价值观是怎么样形成的。	精神

（续上表）

次序	活动主题	活动目标	活动流程	韧性因素
5.	积极应对	1. 身心放松。 2. 认识不同种类的应对方式及效果。 3. 放弃不良应对方式，练习采用有效应对方式。 4. 掌握问题解决的策略，提高问题处理能力。	1. 热身活动：音乐冥想放松训练。 2. 回忆自己生活中的朋友和熟人在应对麻烦时通常是如何处理的，效果怎么样。 3. 列出不同的应对方式，让学生讨论哪种应对方式具有适应功能，哪些方式既可能具有适应功能也可能不具有适应功能。 4. 写出最近最棘手的一件事情，并完成以下动作：如何停止冲动并确定解决问题的目标。之后将纸张对折在小组内交换，帮助对方想多几种可能的方案，再交还到同学手中，最后完成决策和评估结果。	行为
6	发现优势	1. 身心放松。 2. 了解自己的优势，学会利用优势应对挫折事件。 3. 留下美好回忆。	1. 热身活动：比比谁高（各组在规定时间内用扑克牌、吸管和回形针等搭建模型，并且命名，然后评选出如“最高”“最美观”“最稳固”“最新奇”等作品）。 2. 阅读我国大学生积极心理品质6大维度、20种品质，谈谈你身边的哪些同学具备其中的积极品质，分享一个最能表现出那个品质的故事。 3. 分享自己的三个优势，并用1—3个故事说明这些优势如何形成并发挥作用。 4. 活动总结与评估。	自我效能、整合

参考文献

［1］班杜拉. 自我效能［M］. 缪小春，等译. 上海：华东师范大学出版社，2022.

［2］边玉芳. 青少年心理危机干预［M］. 上海：华东师范大学出版社，2010.

［3］陈灿锐，申荷永，李淅琮. 成人素质希望量表的信效度检验［J］. 中国临床心理学杂志，2009，17（1）：24－26.

［4］陈卓. 大学生希望特质对前瞻性应对方式的影响：家庭功能的中介作用［D］. 郑州：河南大学，2010.

［5］仇妙芹. 认知偏差对高校辅导员心理危机干预工作的影响［J］. 大学教育，2018（8）：26－28.

［6］仇妙芹，赵海鹏. 数据赋能高校心理危机预警机理及路径［J］. 探求，2021（5）：97－102.

［7］丁坤，杨晓静，张康娣. 大学生心理应激及成就动机与心理资本的关系［J］. 中国学校卫生，2021，42（11）：1065－1069.

［8］范春林. 学习效能感的功能及培养策略［J］. 教育科学论坛，2007（10）：5－9.

［9］樊富珉. 团体心理辅导与危机心理干预［M］. 北京：机械工业出版社，2021.

［10］顾群. 积极心理学的相关研究对大学生乐观精神培养的意义［J］. 教育探索，2009（12）：119－120.

［11］何梅，但婕. 构建心理资本的现实意义与路径选择［J］. 学术论坛，2011，34（12）：11－14，19.

［12］黄丽娜. 自我效能感和集体效能感的关系研究：来自两个群体的证据［D］. 长春：吉林大学，2012.

［13］蒋苏芹. 大学生心理资本的内涵与结构研究［D］. 南昌：南昌大学，2011.

［14］金晓明. 大学生心理危机干预指南［M］. 杭州：浙江大学出版社，2015.

［15］柯江林. 大学生心理资本研究［M］. 北京：知识产权出版社，2016.

［16］柯江林，孙健敏，李永瑞. 心理资本：本土量表的开发及中西比较［J］. 心理学报，2009，41（9）：875－888.

［17］黎志华. 大学生希望感的发展轨迹、影响因素及其与心理健康的关系［D］. 长沙：中南大学，2013.

［18］李焰，朱丽雅，王瑞，等. 育德与育心结合导向下高校心理健康教育的创新发展［J］. 教育发展研究，2022，42（10）：10－16.

［19］李扬，大学生心理资本的调查研究［D］. 兰州：兰州交通大学，2020.

［20］李永慧. 大学生状态性希望及干预研究［D］. 上海：华东师范大学，2017.

［21］李永慧. 大学生心理危机干预困境与应对策略［J］. 中国学校卫生，2019，40（4）：486－489.

［22］林东慧. 大学生心理韧性干预效果研究［D］. 长春：东北师范大学，2018.

［23］刘丹，石国兴，郑新红. 论积极心理学视野下的心理韧性［J］. 心理学探新，2010，30（4）：12－17.

［24］刘桂芬. 积极心理学视域下贫困大学生心理弹性问题研究［J］. 学术论坛，2011，34（4）：209－213.

［25］刘孟超，黄希庭. 希望：心理学的研究述评［J］. 心理科学进展，2013，21（3）：548－560.

［26］刘明波，刘纯姣，李淑臻. 高校学生心理危机干预案例集［M］. 上海：上海教育出版社，2021.

［27］路桑斯，约瑟夫－摩根，阿沃利奥. 心理资本：激发内在竞争优势［M］. 王垒，等译. 2 版. 北京：中国轻工业出版社，2018.

［28］罗军，王燕菲，禹玉兰. 积极情绪体验对大学生心理健康的影响：基于积极心理学的视角［J］. 医学研究与教育，2012，29（5）：48－51.

［29］罗品超，王瑞明. 大学生心理危机干预理论与技术［M］. 广州：广东高等教育出版社，2019.

［30］骆莎. 论大学生心理危机干预的现代转型［J］. 思想理论教育，2020（1）：107－111.

［31］潘清泉，周宗奎. 贫困大学生心理资本、应对方式与心理健康的关系［J］. 中国健康心理学杂志，2009，17（7）：844－846.

［32］郄小英. 普通高校体育教学中差异性教学的应用及对学生自我效能感的研究［D］. 西安：陕西师范大学，2007.

［33］施国春，李丹. 大学生乐观品质培养的实验研究［J］. 河北科技大学学报（社会科学版），2014，14（1）：89－95.

［34］孙宏伟．心理危机干预：第二版［M］．北京：人民卫生出版社，2018.

［35］田喜洲．心理资本及其对接待业员工工作态度与行为的影响研究［D］．重庆：重庆大学，2008.

［36］王娟．大学生同伴交往、一般自我效能感与心理健康的关系［D］．武汉：华中师范大学，2006.

［37］王延松．心理学视野中乐观主义研究的新进展［J］．西北师大学报（社会科学版），2010，47（4）：101－104.

［38］吴晓亮．个体情绪智力与自我效能感对适应性绩效的影响研究［D］．昆明：昆明理工大学，2014.

［39］吴亚子．近年我国大学生心理危机干预研究的进展及存在问题［J］．教育评论，2015（7）：98－101.

［40］吴增强．自我效能：一种积极的自我信念［J］．心理科学杂志，2001（4）：499－500.

［41］席居哲，左志宏，WU Wei．心理韧性研究诸进路［J］．心理科学进展，2012，20（9）：1426－1447.

［42］许海元．大学生心理资本发展现状的评估与分析［J］．中国高教研究，2015（7）：79－83.

［43］许海元．大学生心理资本积累及其教育管理对策研究［D］．徐州：中国矿业大学，2016.

［44］许海元．大学生心理资本积累及其教育管理［M］．北京：人民出版社，2017.

［45］肖雯，李林英．大学生心理资本问卷的初步编制［J］．中国临床心理学杂志，2010，18（6）：691－694.

［46］阎茹．系统论视角下大学生隐匿性心理危机动态预防体系研究：以广东外语外贸大学为例［J］．广西青年干部学院学报，2018（2）：1－3.

［47］于琳，阴山燕．人际压力与青少年冒险行为的关系：心理弹性的中介作用［J］．中小学心理健康教育，2022（5）：4－8.

［48］曾红．应急与危机心理干预［M］．北京：人民卫生出版社，2012.

［49］张烨君．积极心理学视域下的心理韧性研究［J］．智库时代，2019（46）：281－282.

［50］赵和平．大学生乐观型解释风格现状及干预研究［D］．重庆：重庆师范大学，2012.

［51］赵宁，彭大松．大学生抗逆力的外部影响因素分析：以北京市高校为例［J］．2019，42（6）：134－142.

［52］郑林科，刘潇．大学生亲社会行为：干预心理危机的结构方程模型［J］．统计与信息论坛，2013，28（5）：100－106.

［53］郑林科，张海莉. 韧性资本效应：缓冲生活应激与干预心理危机［J］. 青海社会科学，2012（2）：42－47.

［54］周红霞. 基于生态系统视角的大学生心理危机应对案例研究［J］. 教育学术月刊，2018（2）：87－94.

［55］朱美燕. 大学生心理危机干预的发展趋向［J］. 教育评论，2011（2）：70－73.

［56］朱莉. 人格特质对大学生心理健康各维度的预测分析：心理资本的调节作用［D］. 成都：西南交通大学，2022.

［57］邹容. 儿童青少年气质性乐观的发展及亲子代际传递［D］. 武汉：华中师范大学，2016.

［58］邹媛园，魏书堂. 大学生心理资本、成就动机与学习倦怠的相关性［J］. 商洛学院学报，2016，30（4）：72－76，87.

［59］AVEY J B，LUTHANS F，SMITH R M，et al. Impact of positive psychological capital on employee well-being over time［J］. Journal of Occupational Health Psychology，2010，15（1）：17.

［60］BERG C J，RAPOFF M A，SNYDER C R，et al. The relationship of children's hope to pediatric asthma treatment adherence［J］. The Journal of Positive Psychology，2007，2（3）：176－184.

［61］COLE K，DALY A，MAK A. Good for the soul：The relationship between work，wellbeing and psychological capital［J］. The Journal of Socio-Economics，2009，38（3）：464－474.

［62］DOLLWET M，REICHARD R J. Cross-cultural psychological capital：A validation study［J］. Academy of Management Best Papers Proceedings，2012，28（3）：563－578.

［63］DWEEK C S. The role of expectations and attributions in the alleviation of learned helplessness［J］. Journal of Personality and Social Psychology，1975，31：674.

［64］EL-ANZI F O. Academic achievement and its relationship with anxiety，self-esteem，optimism，and pessimism in Kuwaiti students［J］. Social Behavior and Personality：an international journal. 2005，33（1）：95－104.

［65］GOLDSMITH A H，DARITY W，VEUM J R. Race，cognitive skills，psychological capital and wages［J］. Review of Black Political Economy，1998，26（2）：9－21.

［66］HANNAH T E. Correlates of psychological hardiness in Canadian adolescents［J］. The Journal of Social Psychology，1987，127（4）：339－344.

［67］LOPEZ S J，PEDROTTI J T，SNYDER C R. Positive Psychology：The Scientific and Practical Explorations of Human Strengths [S/OL]. Sage Publications Inc, Third, 2014, 189 - 191.

[68] LUTHANS F, YOUSSEF C M. Emerging positive organizational behavior [J]. Journal of Management, 2007, 33 (3): 321 - 349.

[69] LUTHANS B C, LUTHANS K W, JENSEN S M. The impact of business school students'psychological capital on academic performance [J]. Journal of Education for Business, 2012, 87 (5): 253 - 259.

[70] MATTHEWS K A, RÄIKKÖNEN K, SUTTON-TYRELL K, et al. Optimistic attitudes protect against progression of carotid atherosclerosis in healthy middle-aged women [J]. Psychology Medicine, 2004, 66 (5): 640 - 644.

[71] RICHARDSON G E. The metatheory of resilience and resiliency [J]. Journal of Clinical Psychology, 2002, 58 (3): 307 - 321.

[72] RØYSAMB E, STRYPE J. Optimism and pessimism: Underlying structure and dimensionality [J]. Journal of Social and Clinical Psychology, 2002, 21 (1): 1 - 9.

[73] SELIGMAN M E, CSIKSZENTMIHALYI M. Positive psychology: an introduction [M]. American Psychological Association, 2000.